Lars Enarson
Die Wahrheit über Palästina
Israel, die Bibel und der Kampf um die Wahrheit

LARS ENARSON

DIE WAHRHEIT ÜBER PALÄSTINA

ISRAEL, DIE BIBEL UND DER KAMPF UM DIE WAHRHEIT

Originally published by
Ariel Media (arielmedia.se)
An imprint of The Watchman International, Inc. (thewatchman.org)
PO Box 94, Lake Mills, IA 50450, USA

The Truth About Palestine: Israel, the Bible, and the Battle for Truth
Copyright © 2024 Lars Enarson
All rights reserved.

Coverdesign: John Enarson

Deutsche Übersetzung © 2024
Alle Rechte vorbehalten.

king2come

Pferdemarkt 1
D – 31737 Rinteln
Fon (05751) 7019 229
info@king2come.de
www.king2come.de

1. Auflage, November 2024
ISBN 978-3-98602-078-1

Die Bibelzitate sind in der Regel der Revidierten Elberfelder Bibel,
R. Brockhaus Verlag Wuppertal, entnommen.
Folgende weiteren Bibelübersetzungen kamen zum Einsatz
(im Text jeweils mit den Kürzeln in den Klammern gekennzeichnet):

- Gute Nachricht Bibel (GNB): Deutsche Bibelgesellschaft, Stuttgart 1997
- Hoffnung für alle® (HFA): Copyright © 1983, 1996, 2002, 2015
  by Biblica, Inc.®, Brunnen Verlag, Basel, Gießen.
- Luther Bibel, 2017 (LU): *Die Bibel nach der Übersetzung Martin Luthers*,
  revidierte Fassung, Deutsche Bibelgesellschaft, Stuttgart 2016.
- Neue Genfer Übersetzung (NGÜ): *Die Bibel. Neue Genfer Übersetzung*.
  Neues Testament und Psalmen. 1. Auflage. Deutsche Bibelgesellschaft, Stuttgart 2011
- Schlachter 2000 (SLT): Copyright © 2000 Genfer Bibelgesellschaft

Inhalt

Einführung 7

1 Die Palästinenser – ein erfundenes Volk? 9
2 Ist eine Zweistaatenlösung unvermeidlich? 27
3 Warum werden die Juden so gehasst? 47
4 Zwei weitverbreitete Lügen über die Juden 71
5 Der Krieg um die Wahrheit 85
6 Die Zukunft des Landes 97
7 Die Zukunft von Gaza 109

Anhang I Wie beten Christen bei einem Krieg, in dem Menschen getötet werden? 141
Anhang II Chartas des Todes 151
Anhang III Die Muslimbruderschaft 169

Über den Autor 175

Einführung

Dieses Buch behandelt die grundlegenden Fakten und Hintergründe des Konflikts um Palästina aus historischer und biblischer Sicht. Die Auseinandersetzung im Nahen Osten ist in erster Linie ein Kampf um die Wahrheit.
Leider sind bei diesem Thema die Medien eher Akteur als neutraler Beobachter. Es besteht daher ein großer Bedarf, oft unterdrückte Fakten aufzuzeigen.
Im Großen und Ganzen erhält der Nahostkonflikt mehr mediale Aufmerksamkeit und mehr politisches Engagement als jedes andere Thema in der Welt. Bei Licht betrachtet ist diese Überrepräsentation völlig absurd. Erst der Einsatz unserer geistlichen Augen lässt uns erkennen, was hinter dieser Anomalie steckt. Das gegenwärtige Zeitalter neigt sich dem Ende zu, und die „Geburtswehen" werden nicht abnehmen – ganz im Gegenteil (Matthäus 24:8). Der Nahostkonflikt betrifft uns alle, vor allem die christliche Gemeinde, ob wir es wollen oder nicht.
Bevor wir zu diesem Weltkonflikt Stellung beziehen, werden wir dessen historischen Hintergrund und die betreffenden Aussagen der Heiligen Schrift untersuchen. Es ist entscheidend, dabei auf der Seite der Wahrheit zu stehen.
Kapitel 1 befasst sich mit der palästinensischen Identität und den Aussagen der Palästinenser zu diesem Thema. Außerdem werden grundlegende Fakten und gängige Lügen über Palästina und dessen Geschichte aufgezeigt.
In Kapitel 2 wird die Frage gestellt, ob eine Zweistaatenlösung unvermeidlich ist. Sollte das Heilige Land geteilt und ein neuer palästinensischer Staat gegründet werden? Bilden Grund und Boden die Hauptursache des Konflikts?

In Kapitel 3 wird untersucht, warum die Juden so verhasst sind. Warum sind sie anders und was ist der Grund für den starken Antisemitismus, der sich durch die Geschichte zieht?

Kapitel 4 beleuchtet zwei weit verbreitete Anschuldigungen gegen das jüdische Volk, die selten analysiert werden: *Die Protokolle der Weisen von Zion* mit deren Hintergründen sowie die Theorie über das Judentum der Chasaren.

Kapitel 5 widmet sich der geistlichen Dimension des Palästina-Konflikts. Es ist ein endzeitlicher Kampf um die Wahrheit, in dem unsere Liebe zur Wahrheit entscheidend ist.

Kapitel 6 schaut auf die biblische Bestimmung des Gelobten Landes in der Heilsgeschichte, seine künftigen Grenzen und das sogenannte Westjordanland – Judäa und Samaria.

Kapitel 7 behandelt die prophetische Zukunft des Gazastreifens, die Rolle des Konflikts für die geistliche Wiederherstellung Israels und Gottes Herz für die Araber in und um Israel.

In Anhang I geht es um eine Frage, die für viele erdrückend und verwirrend ist: Wie können wir als Christen bezüglich eines Krieges beten, in dem Menschen getötet werden?

Die Anhänge II und III enthalten äußerst wichtige und aufschlussreiche Quellen: von den Verfassungen der Hamas, der PLO und der Hisbollah bis hin zu den Zielen der Muslimbruderschaft.

Möge der Herr dich beim Lesen leiten!

1

Die Palästinenser – ein erfundenes Volk?

Und habt nichts gemein mit den unfruchtbaren Werken der Finsternis, sondern stellt sie vielmehr bloß!
Epheser 5:11

Winston Churchill ist einer der größten Staatsmänner des 20. Jahrhunderts und kämpfte mutig und zielstrebig bis zum Ende des Zweiten Weltkriegs für die Sache der Freiheit und gegen die Willkür und Grausamkeit des Nationalsozialismus. Er widersetzte sich der politischen Korrektheit in Großbritannien, indem er Hitler und dem Nationalsozialismus den Kampf ansagte.

Ronald Reagan wurde 1980 zum Präsidenten der Vereinigten Staaten gewählt. Er zögerte nicht, den Kommunismus bei dessen wahren Namen zu nennen: ein böses Imperium[1], welches besiegt werden müsse. Er handelte entsprechend und gegen Ende seiner Amtszeit fiel der Kommunismus. Einer von Ronald Reagans politischen Beratern war Newt Gingrich. Als Gingrich viel später in den 2010er Jahren selbst Wahlkampf führte, um Präsident der Vereinigten Staaten zu werden, erregte er viel Aufmerksamkeit durch Äußerungen zu dem sensiblen Thema Palästina. In einem Interview sagte er Folgendes:

---

[1] Siehe Reagans berühmte „Evil Empire"-Rede vom 8. März 1983: „Ich fordere Sie auf, sich vor der Versuchung des Stolzes zu hüten – der Versuchung, sich munter über alles zu stellen und beide Seiten als gleichermaßen schuldig zu bezeichnen, die Tatsachen der Geschichte und die aggressiven Impulse eines bösen Imperiums zu ignorieren, das Wettrüsten einfach als ein riesiges Missverständnis zu bezeichnen und sich damit aus dem Kampf zwischen Recht und Unrecht sowie Gut und Böse herauszuhalten."

„Denken Sie daran, Palästina gab es nicht als Staat. Es war bis Anfang des 20. Jahrhunderts Teil des Osmanischen Reiches. Ich denke, wir haben es hier mit einem erfundenen palästinensischen Volk zu tun, welches in Wirklichkeit aus Arabern besteht und historisch gesehen Teil der arabischen Gemeinschaft war. Sie hatten die Möglichkeit, an viele Orte zu gehen. Und aus einer Vielzahl von politischen Gründen haben wir diesen Krieg gegen Israel seit den 1940-er Jahren zugelassen und das ist tragisch."[2]

Sofort wurden die klaren Äußerungen von Gingrich in der gesamten arabischen Welt wütend verurteilt. Er weigerte sich jedoch, seine Aussage zurückzunehmen, und erläuterte sie in einer späteren Debatte: „Ist das, was ich gesagt habe, faktisch wahr? Ja. Jemand sollte den Mut haben, die Wahrheit zu sagen … Es ist unabdingbar an der Zeit, dass jemand den Mut hat, aufzustehen und zu sagen: ‚Genug der Lügen über den Nahen Osten.'"[3] In einem anderen Fernsehinterview erklärte er, das Wort „Palästinenser" sei erst nach 1977 zu einem gängigen Begriff geworden. Er fuhr fort: „Dies ist ein Propagandakrieg, an dem sich unsere Seite nicht beteiligen will und zu oft weigern wir uns, die Wahrheit zu sagen, wenn die andere Seite lügt."[4]

Über den Antichristen heißt es:

So trat es die Wahrheit mit Füßen, und was immer es unternahm, gelang ihm.
Daniel 8:12 (Hoffnung für Alle)

Der letzte Kampf wird ein Kampf um die Wahrheit sein.

---

2   Chana Ya'ar, „Gingrich: Barack 'Favoring the Terrorists,'" Israel National News (10.12.2011), *https://israelnationalnews.com/news/150581#.Tu8-2GBuG2w* [22.12.2023].

3   Tzvi Ben Gedalyahu, „Gingrich Says 'Enough Lying about the Middle East'", Israel National News (11.12.2011), *https://israelnationalnews.com/news/150595#. Tu869GBuG2w* [22.12.2023].

4   Ebd.

WAS SAGEN SIE SELBST DAZU?

Welches ist die Wahrheit? Sind die Palästinenser ein erfundenes Volk? Man muss den Worten von Newt Gingrich in dieser Frage nicht blind trauen. Es reicht zu zitieren, was Palästinenser und Araber selbst dazu gesagt haben.
Hier folgen zehn unmissverständliche Aussagen ihrer eigenen Führungskräfte:

1. Die erste Erklärung stammt von einem Kongress muslimischer und christlich-arabischer Organisationen im damaligen Palästina. Er fand im Februar 1919 statt, um über die Zukunft des ehemals vom Osmanischen Reich beherrschten Gebiets zu diskutieren. Dieses Reich war nach dem Ersten Weltkrieg aufgelöst worden. Der Kongress verkündete:

„Wir betrachten Palästina als Teil des arabischen Syriens, da es zu keiner Zeit von ihm getrennt war. Wir sind mit ihm durch nationale, religiöse, sprachliche, moralische, wirtschaftliche und geographische Bande verbunden."[5]

2. Der arabische Führer Auni Bey Abdul-Hadi sagte 1937 vor der britischen Peel-Kommission:

„Es gibt überhaupt kein Land namens Palästina. Palästina ist ein Begriff, den die Zionisten erfunden haben. In der Bibel gibt es kein Palästina. Unser Land war jahrhundertelang Teil von Syrien. Palästina ist für uns ein Fremdwort. Es sind die Zionisten, die es eingeführt haben."[6]

---

5 Michael Curtis, „Palestinians: Invented People", *BESA Center Perspectives Paper No. 157* (20.12.2011, Begin–Sadat Center for Strategic Studies, Bar–Ilan University), *https://besacenter.org/palestinians-invented-people* [22.12.2023].
6 Emmanuel Navon, „Tom, Gideon, Yossi and Amira", *Israel National News* (21.12.2011), *https://israelnationalnews.com/news/339606#.TwSp4piXull* [22.12.2023].

3. Der angesehene arabische Gelehrte Philip Hittis bezeugte 1946 vor dem anglo-amerikanischen Ausschuss:

So etwas wie Palästina hat es in der Geschichte nicht gegeben, „absolut nicht".[7]

4. Der palästinensische Sprecher und saudi-arabische Botschafter bei der UNO, Ahmad Shuqeiri, erklärte 1956 vor dem UN-Sicherheitsrat:

„Es ist allgemein bekannt, dass Palästina nichts anderes als Südsyrien ist."[8]

5. Die Palästinensische Befreiungsorganisation (PLO) erklärt in ihrer eigenen Charta, quasi ihrem „Grundgesetz" (Artikel 1):

„Palästina ... ist ein untrennbarer Teil des arabischen Heimatlandes und das palästinensische Volk ist ein integraler Bestandteil der arabischen Nation."[9]

Das „arabische Heimatland und ... die arabische Nation" besteht heute aus 21 arabischen Staaten, aber im Laufe der Geschichte hat es nie einen Staat namens Palästina gegeben.[10] (Die Entsprechung des Buchstabens „P" gibt es nicht einmal im arabischen Alphabet oder in der arabischen Sprache).

---

7   Michael Curtis, „Palestinians" (2011).
8   Daniel Pinner, „Nakba: What's in a name?" *Jerusalem Post* (29.05.2013), *https://jpost.com/opinion/op-ed-contributors/nakba-whats-in-a-name-314780* [22.12.2023].
9   „The Palestinian National Charter: Resolutions of the Palestine National Council 01.–17.07.1968", *The Avalon Project* (Yale Law School), *https://avalon.law.yale.edu/20th_century/plocov.asp* [22.12.2023].
10 Michael Curtis, „Palestinians" (2011).

6. Zuheir Muhsein, damaliger Leiter des militärischen Hauptquartiers der PLO, äußerte sich 1977 in einem Interview mit der niederländischen Zeitschrift *Trouw* wie folgt:

„Das palästinensische Volk gibt es nicht. Die Schaffung eines palästinensischen Staates ist nur ein Mittel, um unseren Kampf gegen den Staat Israel für unsere arabische Einheit fortzusetzen ... Nur aus politischen und taktischen Gründen sprechen wir heute von der Existenz eines palästinensischen Volkes, denn die arabischen nationalen Interessen verlangen, dass wir die Existenz eines eigenständigen palästinensischen Volkes behaupten, um uns dem Zionismus entgegenzustellen. Aus taktischen Gründen kann Jordanien – als ein souveräner Staat mit festgelegten Grenzen – keine Ansprüche auf Haifa und Jaffa erheben, während ich als Palästinenser zweifellos Haifa, Jaffa, Beer-Sheva und Jerusalem fordern kann."[11]

7. Auf der Tagung der Arabischen Liga in Amman im November 1987 sagte der jordanische König Hussein:

„Das Erscheinen der palästinensischen nationalen Individualität ist eine Antwort auf die Behauptung Israels, Palästina sei jüdisch".[12]

8. Das arabisch-israelische Knessetmitglied Azmi Bishara hielt 1994 eine Rede, in der er erklärte:

„Ich glaube, es gibt eine arabische Nation. Ich glaube nicht, dass es eine palästinensische Nation gibt. Ich denke, das ist eine kolonialistische

---

11 James Dorsey, „Wij zijn alleen Palestijn om politieke reden", *Trouw* (31.03.1977).
12 Martin Sherman, "UN-nation; un-nation; non-nation; anti-nation", *Jerusalem Post* (16.09.2011), https://jpost.com/opinion/columnists/un-nation-un-nationnon-nation-anti-nation [22.12.2023].

Erfindung ... Wann gab es Palästinenser? ... bis zum 19. Jahrhundert war Palästina der Süden von Großsyrien."[13]

9. Fathi Hammad, Innenminister und Minister für nationale Sicherheit der Hamas, erklärte am 23. März 2012 im ägyptischen Fernsehen „Al-Hekma":

„Wenn wir Sie um Hilfe bitten, dann mit dem Ziel, den Dschihad fortzusetzen. Allah sei gelobt – wir alle haben arabische Wurzeln. Und jeder Palästinenser im Gazastreifen und in ganz Palästina kann seine arabischen Wurzeln nachweisen, ob er nun aus Saudi-Arabien, dem Jemen oder sonst woher kommt. Wir haben Blutsbande ... Ich persönlich stamme zur Hälfte aus Ägypten. Wo ist Ihre Barmherzigkeit? Mehr als 30 Familien im Gaza-Streifen heißen Al-Masri [ägyptisch oder Ägypter]. Brüder, die Hälfte der Palästinenser sind Ägypter, und die andere Hälfte sind Saudis."[14]

10. Der prominenteste Führer der Palästinenser war Jassir Arafat (1929-2004). In seiner autorisierten Biografie von Alan Hart „*Arafat: Terrorist oder Friedensstifter?*" behauptet Arafat mindestens ein Dutzend Mal:

„Das palästinensische Volk hat keine nationale Identität. Ich, Jassir Arafat, der Mann des Schicksals, werde ihm diese Identität durch den Konflikt mit Israel geben."[15]

Alle zehn oben genannten Aussagen von den eigenen Führern und Sprechern der Araber wurden von 1919 bis heute gemacht

---

13 Martin Sherman, „Note to Newt (Part I): Uninventing Palestinians", *Jerusalem Post* (16.12.2011), *https://jpost.com/opinion/columnists/note-to-newt-part-i-uninventing-palestinians* [22.12.2023].

14 Nadav Shragai, „Palestinian nationhood? What does that mean", *Israel Hayom* (28.03.2023), *https://www.israelhayom.com/2023/03/28/palestinian-nationhood-what-does-that-mean* [22.12.2023].

15 Alan Hart, *Arafat: Terrorist or Peacemaker?* (London: Sidgwick and Jackson, 1984).

und zeigen, die palästinensische nationale Identität ist eine sehr junge Erfindung und hat keine historischen Wurzeln.

Sie zeigen auch, die palästinensische Identität beruht in erster Linie auf dem Versuch, einen anderen Staat zu zerstören, als einen eigenen aufzubauen.

ARAFAT

Den Nahostkonflikt bezeichnet man früher als „arabisch-israelischen Konflikt". Er umfasst jedoch mehr als die arabische Welt und kann besser als muslimischer Konflikt gegen die jüdische Unabhängigkeit beschrieben werden, d. h. „die Vielen gegen die Wenigen". Während des Kalten Krieges empfand die Sowjetunion, Israel stehe unter einem zu starken amerikanischen Einfluss im Nahen Osten. Daher wollte sie die Auseinandersetzung umdeuten in „ein großes imperialistisches Israel gegen eine kleine unterdrückte Gruppe".

Ion Mihai Pacepa, der ranghöchste Geheimdienstoffizier, der jemals aus dem ehemaligen Sowjetblock übergelaufen ist, sagte: „Bevor ich aus Rumänien nach Amerika überlief und meinen Posten als Leiter des rumänischen Geheimdienstes aufgab, war ich in den 70er-Jahren dafür verantwortlich, Arafat jeden Monat etwa 200.000 Dollar in gewaschenem Bargeld zu überreichen. Außerdem schickte ich jede Woche zwei Frachtflugzeuge mit Uniformen und Nachschub nach Beirut. Andere Staaten des Sowjetblocks taten ähnliches."[16]

Jassir Arafat bezeichnete sich selbst als palästinensischen Flüchtling. Er wurde jedoch 1929 in Ägypten geboren, diente in der ägyptischen Armee und studierte an der Universität

---

16 Ion Mihai Pacepa, „The KGB's Man", *Wall Street Journal* (22.09.2003), *https:// wsj.com/articles/SB106419296113226300* [22.12.2023].

Kairo. Pacepa bestätigte dies 2003 in seinen Enthüllungen im *Wall Street Journal*":

> „Ich erhielt die ‚Personenakte' des KGB über Arafat. Er war ägyptischer Staatsbürger, den der Auslandsgeheimdienst des KGB zu einem hingebungsvollen Marxisten machte. Der KGB hatte ihn in seiner Balaschicha-Spezialschule östlich von Moskau ausgebildet und beschloss Mitte der 1960er-Jahre, ihn zum zukünftigen Führer der PLO aufzubauen. Zunächst vernichtete der KGB die offiziellen Dokumente über Arafats Geburt in Kairo und ersetzte sie durch fiktive Dokumente, die besagen, er sei in Jerusalem geboren worden und daher ein gebürtiger Palästinenser ..."

> „Arafat war ein wichtiger Agent des KGB. Kurz nach dem arabisch-israelischen Sechstagekrieg 1967 ernannte ihn Moskau zum Vorsitzenden der PLO. Der ägyptische Führer Gamal Abdel Nasser, eine sowjetische Marionette, schlug diese Ernennung vor. 1969 forderte der KGB Arafat auf, dem amerikanischen ‚imperialistischen Zionismus' den Krieg zu erklären ... Das gefiel ihm so gut, dass Arafat später behauptete, er habe den Schlachtruf „imperialistisch-zionistisch" erfunden. Tatsächlich aber war der „imperialistische Zionismus" eine Moskauer Erfindung, eine moderne Adaption der *Protokolle der Weisen von Zion* – lange Zeit ein beliebtes Mittel des russischen Geheimdienstes, um ethnischen Hass zu schüren. Der KGB betrachtete Antisemitismus und Antiimperialismus stets als eine ergiebige Quelle für Antiamerikanismus."[17]

Arafat führte einen erstaunlichen Wandel herbei. In weniger als 30 Jahren schuf er ein palästinensisches Volk und schaffte es mit Hilfe von Terroranschlägen[18], die ganze Welt dazu

---

17 Ebd.
18 Pacepa erwähnt auch folgenden Aspekt Arafats, „Als ich Arafat zum ersten Mal in seinem PLO Hauptquartier in Beirut Anfang der 1970er-Jahre traf, brüstete er sich: ‚Ich erfand die Entführungen [von Passagierflugzeugen]'. Dabei deutete er auf die kleinen, roten Fähnchen auf einer Weltkarte an der Wand, worauf Israel als *Palästina* bezeichnet war. ‚Das da sind sie alle!', erklärte er stolz" (*Wall Street Journal*, 22.09.2003).

zu bringen, von einem sogenannten palästinensischen Volk anzunehmen, es hätte seit jeher in diesem Gebiet existiert.

DER NAME PALÄSTINA

Woher stammt der Name Palästina? Der griechische Geschichtsschreiber Herodot bezeichnete den von den alten Philistern bewohnten Gazastreifen einmal als einen „Bezirk in Syrien, der Palaistine genannt wird" (*Historia*, 5. Jahrhundert v. Chr.). Auch in der hebräischen Bibel (AT) wird der kleine Küstenstreifen südlich von Jaffa einige Male als *pleshet* bezeichnet, d. h. als Gebiet der Philister. Es war jedoch kein Synonym für das Heilige Land, welches die Einheimischen Israel oder Juda nannten.

Nach dem zweiten jüdischen Aufstand gegen Rom in den Jahren 132-135 verbot der römische Kaiser Hadrian allen Juden, in Jerusalem zu bleiben. Zu dieser Zeit hieß die Provinz Judäa. Im Versuch, die jüdische Verbindung zu dem Gebiet auszulöschen, gab er der Stadt Jerusalem den römischen Namen *aelia capitolina* (Hadrian entstammte der Familie der Aelier, also deren kleine Hauptstadt; Anmerkung des Übersetzers) und benannte das Land in „Syrien-Palästina" um, womit er die Erinnerung an die schlimmsten historischen Feinde der Juden, die Philister, wiederbeleben wollte. Die antiken Philister bildeten ein Küstenvolk, das ursprünglich aus Südosteuropa stammte, und waren schon lange zuvor als eigenständige ethnische Gruppe verschwunden. Die Umbenennung Jerusalems war nicht von langer Dauer. Aber der anstößige Name für das Heilige Land, „Syrien-Palästina", lebte in der Geschichte bis 1948 weiter, vor allem im christlichen Westen. Für die arabische Welt war dieser Name jedoch fremd und die Juden sprachen durch die Jahrhunderte hindurch intern stets von *Eretz Israel* – dem Land Israel.

SIEBEN WAHRHEITEN ÜBER PALÄSTINA

Im Folgenden finden sich sieben wichtige historische Wahrheiten über Palästina – Tatsachen, die heute von Politikern und Massenmedien ignoriert werden.

1. „Palästina" wird erstmals offiziell als ein bestimmtes, definiertes geografisches Gebiet im Zusammenhang mit einem Beschluss des Völkerbundes in den 1920er Jahren genannt. Dabei wurde den Briten ein „Mandat" – die Aufgabe – erteilt, dem jüdischen Volk seine Unabhängigkeit durch einen eigenen Staat in Teilen des ehemaligen Osmanischen Reiches zurückzugeben – das britische Mandat Palästina.[19]

2. Vor 1948 wurde das Wort „Palästinenser" ironischerweise nie von den Arabern, sondern nur von den Juden in der Region verwendet, z. B. in der *Palestine Post* (heute *Jerusalem Post*) und von dem *Palestine Philharmonic Orchestra* (heute *Israel Philharmonic Orchestra*). Erst nach der Gründung des Staates Israel im Mai 1948 wurde das Wort „Palästinenser" ausschließlich für die Araber in diesem Gebiet benutzt.[20]

Die ehemalige israelische Premierministerin Golda Meir fragte 1970 in einem Interview mit dem britischen Fernsehsender *Thames*:

> „Wann wurden die Palästinenser geboren? Was war denn dieses ganze Gebiet vor dem Ersten Weltkrieg, als Großbritannien das Mandat über Palästina erhielt? Was war Palästina damals also? Palästina war damals das Gebiet zwischen dem Mittelmeer und der irakischen Grenze. Die Ost- und Westbank waren Palästina. Ich bin Palästinenserin, von 1921 bis 1948 besaß ich einen palästinensischen Pass. So etwas wie ‚Juden und Araber und Palästinenser' existierte in diesem Gebiet nicht. Dort lebten Juden und Araber."

---
19 Michael Curtis, „Palestinians" (2011).
20 Ebd.

3. Die Konferenz von San Remo im Jahre 1929, auf der sowohl Juden als auch Araber vertreten waren, fand statt, um über die Zukunft des Osmanischen Reiches nach dem Ersten Weltkrieg zu entscheiden. Diese Konferenz „**erkannte das historische Recht des jüdischen Volkes an, seine nationale Heimat in Palästina wiederherzustellen.**" Man achte genau auf die Formulierung. Es wurden keine neuen Rechte geschaffen. **Vielmehr wurden hier die bereits bestehenden historischen Rechte** des jüdischen Volkes auf eine nationale Heimstätte in Palästina anerkannt. Mit diesem Beschluss im Auftrag des Völkerbundes wurde die Balfour-Erklärung völkerrechtlich verbindlich. Noch heute gilt der Vertrag von San Remo zusammen mit Artikel 22 der Völkerbundkonvention und Artikel 80 der UN-Charta. Israel weiterhin zu zwingen, zu den Waffenstillstandslinien von 1949 (den „Grenzen" von 1967) zurückzukehren und Jerusalem zu teilen, ist daher eine schwere Verletzung des Völkerrechts.[21] Deshalb hat außer Großbritannien und Pakistan kein Land die jordanische Annexion des Westjordanlandes nach 1948 anerkannt.

4. Es hat nie einen unabhängigen palästinensischen Staat gegeben. Auch bestand nie eine einzige Verwaltungs- oder Kultureinheit für Palästinenser. Die Araber in diesem Gebiet haben sich in keiner Weise von anderen Arabern im Nahen Osten unterschieden.[22]

5. Man kann Tausende arabische Bücher und Zeitungen lesen, die vor 1964 geschrieben wurden, ohne je etwas über einen arabisch- oder muslimisch-palästinensischen Staat zu finden, oder auch nur einen Hinweis auf Araber als spezifische Palästinenser.[23]

---

21 „Give Peace a Chance", *European Coalition For Israel* (2011), youtu.be/oVsjNzXojCM [22.12.2023].
22 Michael Curtis, „Palestinians" (2011).
23 Irwin Graulich, „Nu, Is Newt Right?" *Israel National News* (21.12.2011), *https://israelnationalnews.com/news/339602#.TwQnzJiXuII* [22.12.2023].

6. In der gesamten Geschichte der Menschheit hat es vor Beginn der jüdischen Einwanderung nie einen palästinensischen König, Sultan oder Monarchen gegeben, keine palästinensische Hauptstadt in Jerusalem, keinen palästinensischen Dichter, Schriftsteller oder Intellektuellen, der eine spezifische palästinensische Kultur gefördert hätte. Und es bestand auch nie eine palästinensische Sprache.

7. **Das jüdische Volk hat sein Land nicht von den Arabern (oder „Palästinensern") zurückerhalten, sondern zunächst vom türkischen Reich und dann von Großbritannien. Nicht die Araber, sondern das türkische Osmanische Reich war Souverän in diesem Gebiet.** Häufig soll die Darstellung anhand verschiedener Karten zeigen, wie die Palästinenser nach und nach ihre Heimat verloren hätten. Doch dies ist nur ein Beispiel für falsche Geschichtsdarstellung und eine Verzerrung der Geschichte. Die „Palästinenser" haben „Palästina" nie besessen!

Zusammenfassend hat es, bevor die jüdischen nationalen Bestrebungen im 20. Jahrhundert begannen, nie in der Geschichte irgendeine Spur einer arabisch-palästinensischen nationalen Identität gegeben. Erst nach der Gründung des Staates Israel im Jahr 1948 und insbesondere nach der Wiedervereinigung Jerusalems im Jahr 1967 haben die Araber mit Hilfe der Medien bisher erfolgreich die heutige palästinensische Identität erfunden. Darauf gründend sagte Newt Gingrich:

> „Tatsache ist, der palästinensische Anspruch auf ein Rückkehrrecht beruht auf einer historisch falschen Darstellung. Jemand sollte den Mut haben, bis zum Völkerbundmandat von 1921 für ein jüdisches Heimatland zurückzugehen und den Kontext aufzuzeigen, in dem Israel entstanden ist. Der Begriff „Palästinenser" wurde erst nach 1977 gebräuchlich. Wir haben es hier mit einem Propagandakrieg zu tun, auf den sich unsere Seite nicht einlassen will. Und wir würden der Wahrheit widersprechen, sollten wir den Lügen der anderen Seite folgen. Und man

wird auf lange Sicht nicht gewinnen, wenn man Angst hat, standhaft zu bleiben und für die Wahrheit einzustehen."[24]

Der Propagandakrieg wird jedoch von der Palästinensischen Befreiungsorganisation (PLO) seit ihrer Gründung durch den KGB im Jahr 1964 erfolgreich geführt.

„Im Jahr 1948 bezeichnete Palästina das Heimatland für Juden. Im Jahr 2011 bedeutet Palästina eine unterdrückte, besetzte, obdachlose arabische Flüchtlingsuntergruppe, die von denselben Juden unterjocht wird. Was für ein brillanter Marketingtrick. Und verbindet man den Markennamen dann auch noch mit anderen mächtigen Schlagwörtern wie Apartheid, nazihaft, missbrauchen, misshandeln, verfolgen, erobern usw., erzeugt man einen mächtigen Sachverhalt für unverdientes Mitleid."[25]

FÜNF OFT WIEDERHOLTE LÜGEN ÜBER PALÄSTINA

Baut man seine Erzählung auf Lügen auf, muss man sie dann daraufhin mit Lügen weiterspinnen. Hier folgen einige der historischen, geografischen, religiösen und nationalen Lügen, welche die „Palästinenser" zur Stärkung ihrer palästinensischen „Identität" offiziell in ihrer Verfassung, ihrem Bildungssystem und ihren Medien verbreiten.

1. „Das jüdische Volk hat keinerlei historischen Bezug zu Palästina." Diese Behauptung macht den größten Teil der Bibel zu einer kompletten Lüge, ganz zu schweigen von der gesamten anerkannten, offiziellen historischen, geografischen und religiösen Forschung. Die meisten Ortsnamen in Judäa und Samaria sind hebräischen und nicht arabischen Ursprungs.

---
24 David Singer, „Palestine: Time to Tell the Truth" (2011).
25 Irwin Graulich, „Nu, Is Newt Right?" (2011).

2. **„Das jüdische Volk ist kein Volk, sondern nur eine Religion. Es hat daher kein Recht auf ein eigenes Land, schon gar nicht auf Palästina."** Diese falsche Aussage macht den Gott der Bibel zum Lügner. Das jüdische Volk ist von allen Völkern der Welt das einzige, das Gott ausdrücklich als Sein auserwähltes Volk bezeichnet.

> **Denn du bist dem HERRN, deinem Gott, ein heiliges Volk. Dich hat der HERR, dein Gott, erwählt, dass du ihm zum Volk seines Eigentums wirst aus allen Völkern, die auf dem Erdboden sind.**
>
> 5. Mose 21:6

„Israel" wird in der Bibel *sowohl* als Volk als auch als Land etwa 2.300-mal genannt.

Die Verheißung Gottes, den Nachkommen Abrahams, Isaaks und Jakobs das Land Kanaan als ewiges Erbe zu geben, ist die am häufigsten wiederholte Verheißung in der ganzen Bibel!

> **Er ist der HERR, unser Gott! Seine Urteile ergehen auf der ganzen Erde. Er gedenkt ewig seines Bundes – des Wortes, das er geboten hat auf tausend Generationen hin –, den er gemacht hat mit Abraham, und seines Eides an Isaak. Er richtete ihn auf für Jakob zur Ordnung, Israel zum ewigen Bund, indem er sprach: Dir will ich das Land Kanaan geben als euch zugemessenes Erbe.** Psalm 105:7-11

3. **„Jesus war ein Palästinenser, geboren von palästinensischen Eltern. Die Jungfrau Maria war eine Palästinenserin, und Jesus war der erste palästinensische Märtyrer."**[26] Diese falschen Behauptungen machen das Evangelium zu einer kompletten Lüge. Das Neue Testament beginnt mit den Worten:

---

26 Itamar Marcus, „Who was the Palestinian Jesus?" *Palestinian Media Watch* (24.12.2020), https://palwatch.org/page/18444 [22.12.2023].

> **Buch des Ursprungs Jesu Christi, des Sohnes Davids, des Sohnes Abrahams.** Matthäus 1:1

Und endet mit:

> **Ich, Jesus, habe meinen Engel gesandt, euch diese Dinge für die Gemeinden zu bezeugen. Ich bin die Wurzel und das Geschlecht Davids, der glänzende Morgenstern.** Offenbarung 22:16

Man kann nicht jüdischer sein, als ein Sohn Davids und Abrahams zu sein. Paulus, der Apostel der Heiden, schrieb:

> **Halte im Gedächtnis Jesus Christus, auferweckt aus den Toten, aus dem Samen Davids, nach meinem Evangelium ...** 2. Timotheus 2:8

4. „**Es hat nie einen jüdischen Tempel auf dem Tempelberg in Jerusalem gegeben.**" Diese Aussage macht nicht nur das Alte und das Neue Testament zu falschen Dokumenten, sondern auch unseren Meister und Erlöser zum Lügner, als Er vom jüdischen Tempel in Jerusalem sprach und diesen das Haus Seines Vaters nannte. Weiterhin erklärt sie die archäologische Wissenschaft zu einer großen Lüge. Das Gebiet um den Tempelberg ist eine der durch Ausgrabungen am besten erforschten archäologischen Stätten der Welt. Alle professionellen Archäologen, die dort in den letzten hundert Jahren Ausgrabungen durchgeführt haben, wären also völlig getäuscht worden.

5. „**Die Palästinenser sind Nachkommen der alten Philister und Jebusiter. Als Teil der arabischen Nation sind sie ein semitisches Volk in direkter Abstammung von Abraham durch Ismael.**" Yassir Arafat pflegte zu sagen, er könne als Araber und damit als Semit per Definition nicht antisemitisch sein. All diese widersprüchlichen Behauptungen machen

sowohl die Bibel als auch die anerkannte historische und ethnologische Forschung zu einer Lüge. Die Jebusiter waren ebenso wie die Philister ein nicht-semitisches Volk, das vielmehr von Ham abstammte (1. Mose 10:14). Beide verschwanden aus der Geschichte lange vor der neuen Zeitrechnung.

Dies bildet nur einige der Lügen ab, denn es gibt noch viele andere. Die „Palästinenser" sehen alles als erlaubt an, solange es das jüdische Volk seines Erbes beraubt. Und wenn man Lügen oft genug wiederholt, glauben die meisten Menschen sie schließlich. Die Nazis haben bewiesen, dass diese Methode funktioniert. Setzt man die Lügen dann auch noch mit Gewalt, Drohungen und blutigen Terroranschlägen durch, funktioniert es noch besser.

GOTTES TREUE GEGENÜBER ISRAEL

Trotz jahrhundertelanger Verfolgung und Verbannung ist das jüdische Volk seit 3.500 Jahren als Volk erhalten geblieben. Warum? Ganz einfach, weil es sich auf einen ewigen, bedingungslosen Bund stützt, den der Schöpfer des Himmels und der Erde mit Abraham, Isaak und Jakob (nicht mit Ismael und nicht mit Esau!) geschlossen hat. Es gibt keine andere Erklärung für diese Einzigartigkeit. Diese beispiellose historische Tatsache gab den Anstoß für die Legende über Friedrich II. von Preußen. Der König fragte seinen Arzt, ob er einen einzigen Beweis für die Existenz Gottes liefern könne. Die Antwort an ihn lautete: „Die Juden, Eure Majestät!"

In ihrer langen Geschichte haben die Juden das Gebiet, das später als Palästina bekannt wurde, immer als ihr Heimatland betrachtet. Jeremia prophezeite vor 2.600 Jahren:

Die Palästinenser – ein erfundenes Volk?

Hört das Wort des HERRN, ihr Nationen, und meldet es auf den fernen Inseln und sagt: Der Israel zerstreut hat, wird es wieder sammeln und wird es hüten wie ein Hirte seine Herde! Jeremia 31:10

Yassir Arafat hat sein Konzept der ganzen Welt erfolgreich verkauft: „Gebt Palästina den Palästinensern!" Wer könnte gegen eine solche selbst erdachte Forderung argumentieren? Aber er übersah dabei ein Problem: Diese Aussage hätte im Grunde genommen vor 1948 lauten müssen: „Gebt Palästina den Juden!" Bei der berühmten UN-Abstimmung von 1947 ging es um die Aufteilung Palästinas in einen jüdischen und einen arabischen Staat, nicht in einen jüdischen und einen „palästinensischen" Staat. Im Jahr 1947 wäre ein solcher Vorschlag unverständlich gewesen. Als die Juden schließlich ihren Staat bekamen, nannten sie ihn in Anlehnung an ihr altes Erbe und die Darstellung in der Bibel nicht weiter Palästina[27], sondern Israel.[28]

Die Araber übernahmen schließlich den Namen Palästina, machten ihn zu ihrer eigenen Marke und verkauften dann ihre erfundene Geschichte erfolgreich an eine unwissende Welt, um deren Sympathie zu wecken. Aber es ist eine falsche Sympathie. Die Araber haben bereits 21 Länder, von denen eines schon ein „palästinensisch"-arabischer Staat namens Jordanien ist. Ein weiterer palästinensischer Staat auf Kosten des einzigen jüdischen Staates der Welt in seinem eigenen alten Heimatland ist ein klarer Verstoß gegen die grundlegenden Menschenrechte und die internationale Gesetzgebung aus vormals geschlossenen Abkommen.

Die treibende Kraft hinter all diesen Lügen ist der tiefe, im Islam herrschende Judenhass. Es gibt einen berühmten

---

27 Bevor der Staat Israel am 14. Mai 1948 verkündet wurde, wusste kein Außenstehender, wie dieser Staat benannt werden würde.

28 Auch das Neue Testament bezeichnet das Land als Israel und nie als Palästina, vgl. Matthäus 2:20–21.

heiligen muslimischen Text, der alle Muslime dazu auffordert, Völkermord am jüdischen Volk zu begehen; dieser alte Hadith lautet: „Die Zeit [des Jüngsten Gerichts] wird erst kommen, wenn die Muslime gegen die Juden kämpfen (und sie töten); bis sich die Juden hinter Felsen und Bäumen verstecken, welche dann schreien werden: O Muslim, hinter mir versteckt sich ein Jude, komm und töte ihn!"[29] Viele Muslime predigen und glauben heute an diese Worte, so wie Christen an die Bibel glauben.

Lügen haben keine Zukunft und sind auf Treibsand gebaut. Daniel Pipes sagte: „... die Tatsache, dass diese [palästinensische] Identität erst vor so kurzer Zeit und so zweckgebunden entstanden ist, lässt darauf schließen, dass ... sie schließlich zu Ende gehen könnte, vielleicht so schnell, wie sie begonnen hat."[30]

Eines ist sicher: Man kann nicht den Palästina-Mythos akzeptieren und gleichzeitig an die Bibel glauben. Beides schließt sich gegenseitig aus.

---

29 Zitat aus Artikel 7 der Hamas-Charta, welche wiederum einen alten Hadith zitiert und von Bukhari und Muslim stammt, den Autoren der beiden maßgeblichen und weithin anerkannten Sammlungen von Hadithen (Überlieferungen des Propheten).

30 Daniel Pipes, „America's shiny new Palestinian militia," *Jerusalem Post* (17.03.2010), *https://jpost.com/Opinion/Columnists/Americas-shiny-new-Palestinian-militia* [22.12.2023].

2

Ist eine Zweistaatenlösung unvermeidlich?

Denn siehe, in jenen Tagen und zu jener Zeit, wenn ich das Geschick Judas und Jerusalems wenden werde, dann werde ich alle Nationen versammeln und sie ins Tal Joschafat hinabführen. Und ich werde dort mit ihnen ins Gericht gehen wegen meines Volkes und meines Erbteils Israel, das sie unter die Nationen zerstreut haben. Und mein Land haben sie geteilt ...
Joel 4:1-3

Gemäß der UNO hat die einheimische Bevölkerung eines Gebietes automatisch das Recht auf das Land, in dem sie lebt. Die Geschichte zeigt das historische Recht des jüdischen Volkes auf das Gebiet zwischen dem Mittelmeer und dem Jordan als seine Heimat. Mit Ausnahme einiger kurzer Perioden haben die Juden seit den Tagen Josuas vor 3.500 Jahren in diesem Land gelebt. Es gibt nicht viele Völker auf der Welt, die eine derart weit zurückreichende Geschichte vorweisen können.

1922 erkannte daher die gesamte internationale Gemeinschaft durch den Völkerbund, dem Vorläufer der UNO, einstimmig an, das jüdische Volk hat das historische Recht, in dem gesamten Gebiet, das damals als Mandatsgebiet Palästina bezeichnet wurde, eine nationale Heimstätte zu errichten. Dieses Gebiet umfasste von Anfang an auch das heutige Jordanien. Im Jahr 1921 teilte Großbritannien das Gebiet jedoch auf und übergab diesen Teil an die saudi-arabische Königsfamilie, Hussein ibn Ali in Mekka, bevor der Völkerbund beschloss, dem jüdischen Volk das gesamte Gebiet als nationale Heimat zu geben.

Die „Palästina-Araber" können in diesem Gebiet keine ähnliche Geschichte vorweisen wie das jüdische Volk. Bei einer britischen Volkszählung in Jerusalem im Jahr 1860 stellten die Juden beispielsweise die größte ethnische Gruppe in der Stadt dar, noch bevor der moderne Zionismus als politische Bewegung entstand.

In der Geschichte fand nie eine palästinensische Staatsgründung statt. Im Jahr 1917 übernahmen die Briten Palästina von den Türken, die das Gebiet 400 Jahre lang beherrscht hatten. Zuvor war das Gebiet von Bagdad, Damaskus und Kairo aus regiert worden. Selbst das heilige Buch des Islam, der Koran, erkennt an, dass Gott dem jüdischen Volk das Heilige Land gegeben hat (*Koran,* 5:20-107, 17:104).

DIE JUDEN SIND KEINE FREMDEN KOLONIALHERREN

Die Juden sind in Israel somit keine Kolonialherren, die ein anderes Volk seiner ursprünglichen Heimat beraubt hätten. Diese Lüge hat der Kommunismus lanciert. **Zur Zeit Jesu vor zweitausend Jahren sprachen die Menschen im Heiligen Land kein Arabisch. Man sprach Hebräisch und Aramäisch.** Das Land hieß nicht Palästina, sondern Israel, so wie es heute heißt. Matthäus schreibt dazu:

> Als aber Herodes gestorben war, siehe, da erscheint ein **Engel des Herrn** dem Josef in Ägypten im Traum und spricht: Steh auf, nimm das Kind und seine Mutter zu dir und **zieh in das Land Israel!** Denn sie sind gestorben, die dem Kind nach dem Leben trachteten. Und er stand auf und nahm das Kind und seine Mutter zu sich, und er kam in **das Land Israel**. Matthäus 2:19-21

Ist eine Zweistaatenlösung unvermeidlich?

In der Geschichte hat es vor der Entstehung des Zionismus nie eine eigenständige arabisch palästinensische, nationale Identität gegeben. Es gibt davor keinen einzigen bekannten palästinensisch-arabischen Führer in der Geschichte, keine eigene palästinensische Sprache und vor allem keinen palästinensischen Staat. In den vergangenen 3.000 Jahren war Jerusalem nie die Hauptstadt eines anderen Staates als des jüdischen Staates. Die einzige Ausnahme ist der kurze Zeitraum, in dem die Kreuzritter Jerusalem als ihre Hauptstadt betrachteten. Aber dieses „christliche Königreich" stellte keine Nation im klassischen Sinne dar.

Die „Palästinenser" bestehen hauptsächlich aus eingewanderten Arabern. Sie haben nicht mehr Rechte auf ein eigenes Land, als Minderheiten z.b. in den Vereinigten Staaten ein Recht darauf besitzen würden. Es existiert dafür kein historischer Grund. Das jüdische Volk hingegen hat historische Rechte auf das Land. Sie sind die einzige definierbare einheimische Bevölkerung in diesem Gebiet.

DIE HAUPTURSACHE FÜR DEN KONFLIKT

Der Grund, warum die „Palästinenser" heute einen eigenen Staat zusätzlich zu dem in Jordanien bestehenden fordern, ist in erster Linie der dem Islam innewohnende Hass auf Juden. Die palästinensischen Terroristen schreien nicht „Für Palästina!", wenn sie heute in Israel oder in anderen Teilen der Welt Juden ermorden. Sie schreien das muslimische Glaubensbekenntnis „*Allah hu akbar!*", was so viel bedeuten soll wie „Gott ist groß" oder „Gott ist größer". Ihre Motivation, Israel auszulöschen, Terroranschläge zu verüben und alle Juden zu ermorden, beruht auf den Lehren des Islam und dem Versprechen der Imame, 72 Jungfrauen im Paradies zu erhalten, wenn sie derartige Terroranschläge begehen.

Die palästinensische Nationalbewegung ist von Anfang an ein auf Lügen aufgebautes rassistisches, antisemitisches, völkermordendes Projekt. Die Welt wurde mit Hilfe der arabischen Ölwaffe in Verbindung mit atheistischer Propaganda von links dazu verführt, diese Lüge anzunehmen.

Keine Araber im Nahen Osten besitzen mehr demokratische Rechte und Freiheiten als die Araber in Israel. Israel ist ein Segen sowohl für Araber als auch für Juden. Die Kolumnistin der Jerusalem Post, Caroline Glick, zeigt dies deutlich in ihrem bahnbrechenden Buch *The Israeli Solution: A One-State Plan for Peace in the Middle East*.[31]

Eine Zwei-Staaten-Lösung würde sich nicht nur negativ auf die Araber auswirken. Wenn die Entwicklung so weitergeht wie bisher, würde sie letztlich auch den Untergang Europas und Amerikas einläuten. „Erst das Samstagsvolk, dann das Sonntagsvolk", heißt es bei den Islamisten.

Mehr als alle anderen unterstützt und fördert aber die EU die palästinensischen Terroristen. Die Ausrottung von sechs Millionen Juden in Europa geschah nicht in einem Vakuum. Der Antisemitismus ist seit Jahrhunderten tief in der europäischen Kultur verwurzelt. Und heute – nur eine Generation nach dem Holocaust – haben sie ihre Arme für den fanatischen Judenhass des Islam weit geöffnet und Israel im Stich gelassen.

Während des Mittelalters wurden die Juden in Europa wegen ihrer Religion verfolgt. Nach der Aufklärung war es nicht mehr möglich, jemanden aus religiösen Gründen zu verfolgen. Also änderte der Antisemitismus seine Form und begann stattdessen, die Juden wegen ihrer Ethnie zu verfolgen. Nach dem Holocaust ist es nicht mehr möglich, jemanden wegen seiner Ethnie zu verfolgen, und so werden die Juden nun sowohl von Europa

---

31 Caroline Glick, *The Israeli Solution: A One-State Plan for Peace in the Middle East* (New York: Crown Forum, 2014).

als auch von der ganzen Welt wegen ihres Staates verfolgt. Der Hass auf Israel ist der Antisemitismus unserer Zeit.

Das palästinensische Zwei-Staaten-Projekt war von Anfang an ein rassistisches, völkermörderisches Projekt. Sein Begründer, Haj Amin al-Husseini, ist der Vorgänger von Jassir Arafat. Er rief 1920 unmittelbar nach dem Beschluss von San Remo alle Araber zur Tötung der Juden auf. Gemeinsam mit Adolf Hitler plante er während des Zweiten Weltkriegs die Ausrottung der Juden in Palästina. Dieses völkermörderische Projekt führte dann der moderne Pate des internationalen Terrorismus, Jassir Arafat, weiter. Und heute ist Palästina das besondere Ziehkind des radikalen Islam. *Itbach el Yahud*, „Tötet die Juden", ist ein arabischer Slogan, der seit Jahrhunderten, seit den Tagen Mohammeds, im Nahen Osten erklingt. Dieser blutige Aufruf zum Völkermord, der in der Geschichte schon mehrfach praktiziert wurde, erlebt heute in der gesamten muslimischen Welt eine unheilvolle Renaissance.

Durch terroristische Drohungen und die Erpressung mit der Zugänglichkeit zu arabischem Öl hat die gesamte internationale Gemeinschaft in weniger als 100 Jahren ihre Meinung geändert und beschlossen, die Probleme im Nahen Osten müssten durch die sogenannte Zweistaatenlösung gelöst werden: die Bildung eines palästinensischen Staates neben einem israelischen Staat im Heiligen Land. Wenn der Messias kommt, wird Er die ganze Welt dafür verurteilen, dass sie Gottes Land auf diese Weise aufgeteilt hat.

> **Denn siehe, in jenen Tagen und zu jener Zeit, wenn ich das Geschick Judas und Jerusalems wenden werde, dann werde ich alle Nationen versammeln und sie ins Tal Joschafat hinabführen. Und ich werde dort mit ihnen ins Gericht gehen wegen meines Volkes und meines Erbteils Israel, das sie unter die Nationen zerstreut haben. Und mein Land haben sie geteilt ...** Joel 4:1-2

In den letzten Jahren ist jedoch der Glaube an die Zweistaatenlösung ins Wanken geraten und eine wachsende Anzahl Menschen spricht sogar mehr oder weniger offen von der Notwendigkeit, der Staat Israel müsse aufhören zu existieren und durch einen palästinensischen Staat ersetzt werden. Die Bildung eines palästinensischen Staates durch die sogenannte Zweistaatenlösung stellt die größte Bedrohung für die Existenz Israels dar, schlimmer noch als ein atomar bewaffneter Iran. Der Druck der Außenwelt auf Israel, dieses selbstmörderische Projekt zu akzeptieren, ist enorm.

IST EIN PALÄSTINENSISCHER STAAT UNVERMEIDLICH?

Manche wenden ein, wir können doch nichts dagegen tun, da doch der Messias alle Völker der Welt dafür richten wird, dass sie Gottes Land aufgeteilt haben. Es müsse daher dem prophetischen Wort folgend so geschehen.

Dem ist entgegenzuhalten, dass ein palästinensischer Staat zwar in der Praxis noch nicht existiert, die Prophezeiung Joels sich aber bereits erfüllt hat. Die ganze Welt hat das Land Israel bereits geteilt. Die Vereinten Nationen haben Palästina als einen Staat mit Beobachterstatus in der UNO anerkannt und Palästina in einen großen Teil ihrer Organe aufgenommen. Allerdings ist es in einem rein praktischen Sinne noch nicht gelungen, die Entscheidung der internationalen Gemeinschaft in Israel umzusetzen.

Der Herr hat versprochen, Jerusalem zu einem schweren Stein für alle Völker zu machen, und dass jeder verletzt wird, der versucht, ihn zu heben.

Und es wird geschehen an jenem Tag, da mache ich Jerusalem zu einem Stemmstein für alle Völker; alle, die ihn hochstemmen wollen,

werden sich wund reißen. Und alle Nationen der Erde werden sich gegen es versammeln.
Sacharja 12:3

In Psalm 2 geht es um die Rebellion der Völker gegen Gott in Bezug auf Jerusalem. Gott erklärt, wie Er darauf reagiert:

Der im Himmel thront, lacht, der Herr spottet über sie. Dann redet er sie an in seinem Zorn, in seiner Zornglut schreckt er sie: „Habe doch ich meinen König geweiht auf Zion, meinem heiligen Berg!"
Psalm 2:4-6

Die Zweistaatenlösung beinhaltet die Teilung Jerusalems, bei der der Tempelberg, Gottes heiliger Berg Zion, Israel weggenommen würde. Wir sind aufgerufen, die Völker der Welt vor dieser Entwicklung zu warnen. In Vers 10 heißt es:

Und nun, ihr Könige, handelt verständig; lasst euch zurechtweisen, ihr Richter der Erde!
Psalm 2:10

Es fürchte den HERRN die ganze Erde; mögen sich vor ihm scheuen alle Bewohner der Welt! Denn er sprach, und es geschah; er gebot, und es stand da. Der HERR macht zunichte den Ratschluss der Nationen, **er vereitelt die Gedanken der Völker**. Der Ratschluss des HERRN bleibt ewig bestehen, die Gedanken seines Herzens von Generation zu Generation.
Psalm 33:8-11

Somit wird es für niemanden einfach sein, auch nicht für das Weiße Haus oder die UNO, das Land Israel zu teilen. Der Herr wird alle Pläne vereiteln, die sich gegen Seine Pläne für Jerusalem richten. Gottes heiliger Name wird in der Endzeit verherrlicht werden, da Er Israel trotz des Widerstands der ganzen Welt wiederherstellen wird. Die Verherrlichung des Namens Gottes ist der Hauptgrund, warum wir beten sollten, dass Gott die Pläne der internationalen Gemeinschaft zur Umsetzung einer Zwei-Staaten-Lösung verhindert.

Der Herr will stattdessen Seinen heiligen Namen auf der ganzen Erde verherrlichen, indem Er die Grenzen Israels erweitert.

Du hast die Nation vermehrt, HERR, du hast die Nation vermehrt, du hast dich verherrlicht. Du hast alle Grenzen des Landes erweitert.
Jesaja 26:15

Der Messias lehrte uns folgendermaßen zu beten:

So sollt ihr beten: Vater unser im Himmel, dein Name werde verherrlicht. Lass dein Reich kommen. Dein Wille geschehe, auf Erden wie im Himmel. Matthäus 6:9-10 (Übersetzung des Autors)

Der Herr hat versprochen:

**Hört das Wort des HERRN, ihr Nationen, und meldet es auf den fernen Inseln und sagt: Der Israel zerstreut hat, wird es wieder sammeln und wird es hüten wie ein Hirte seine Herde!
Und es wird geschehen, wie ich über sie gewacht habe, um auszureißen, abzubrechen, niederzureißen, zugrunde zu richten und zu vernichten, ebenso werde ich über sie wachen, um zu bauen und zu pflanzen, spricht der HERR.** Jeremia 31:10, 28

DER PROPHETISCHE DIENST VON HAGGAI UND SACHARJA

Es gibt eine bemerkenswerte Parallele im Wort Gottes zu den aktuellen Ereignissen in Israel. Als die Juden aus Babylon zurückkehrten, löste ein Dekret des persischen Königs Cyrus Folgendes aus.

> Und im ersten Jahr des Kyrus, des Königs von Persien, erweckte der HERR, damit das Wort des HERRN aus dem Mund Jeremias erfüllt wurde, den Geist des Kyrus, des Königs von Persien, dass er durch sein ganzes Reich einen Ruf ergehen ließ, und zwar auch schriftlich: So spricht Kyrus, der König von Persien: Alle Königreiche der Erde hat der HERR, der Gott des Himmels, mir gegeben. Nun hat er selbst mir den Auftrag gegeben, ihm in Jerusalem, das in Juda ist, ein Haus zu bauen. Wer immer unter euch aus seinem Volk ist, mit dem sei sein Gott, und er ziehe hinauf nach Jerusalem, das in Juda ist, und baue das Haus des HERRN, des Gottes Israels! Er ist der Gott, der in Jerusalem ist. Und jeden, der übrig geblieben ist, an irgendeinem Ort, wo er sich als Fremder aufhält, den sollen die Leute seines Ortes unterstützen mit Silber und mit Gold und mit Habe und mit Vieh neben den freiwilligen Gaben für das Haus Gottes in Jerusalem.
>
> Esra 1:1-4

Das Dekret von Kyrus ähnelt der Entscheidung des Völkerbundes von 1922, als dieser Großbritannien den Auftrag erteilte, die Balfour-Erklärung umzusetzen und dem jüdischen Volk eine nationale Heimstätte in Palästina zu geben.

Nachdem Kyrus beschlossen hatte, dem jüdischen Volk die Freiheit zu geben, zurückzukehren und den Tempel in Jerusalem wieder aufzubauen, entstand Widerstand bei allen Nachbarvölkern. Zunächst wollten die Gegner beim Bau des Tempels helfen; als dies ihnen aber nicht erlaubt wurde, reagierten sie aggressiv.

> Da machte das Volk des Landes das Volk von Juda mutlos und schreckte sie vom Bauen ab. Und sie dingten Ratgeber gegen sie und verhinderten ihr Vorhaben, solange Kyrus, der König von Persien, lebte, bis zur Herrschaft des Darius, des Königs von Persien. Esra 4:4-5

Nach einiger Zeit schrieben die Nachbarvölker einen Brief an den König in Persien. Darin beschuldigten sie die Juden anhand falscher Fakten, rebellisch zu sein und die Wiederherstellung Jerusalems würde großen Schaden anrichten. Der König verfasste daraufhin einen Erlass, in dem er die Juden zwang, den Wiederaufbau Jerusalems einzustellen.

Als dann die Abschrift des Briefes des Königs Artahsasta vor Rehum und dem Schreiber Schimschai und ihren Gefährten gelesen worden war, gingen sie in Eile nach Jerusalem zu den Juden und geboten ihnen mit Waffengewalt Einhalt. Damals wurde die Arbeit am Haus Gottes in Jerusalem eingestellt, und sie blieb eingestellt bis zum zweiten Jahr der Regierung des Königs Darius von Persien. Esra 4:23-24

Genau dies geschah in unserer Zeit in Bezug auf die Rückkehr des jüdischen Volkes in sein Land. Sie erhielten 1922 die erste legale Erlaubnis, aber insbesondere aufgrund des Widerstands der Muslime im Nahen Osten wird Israel bis heute unter Druck gesetzt, diese 1922 erhaltenen Rechte aufzugeben. Die gesamte internationale Gemeinschaft fordert nun, Israel solle einen Teil seines Landes – und vor allem Jerusalem – an einen muslimisch-palästinensischen Staat abtreten.

Doch die Propheten Haggai und Sacharja ermutigten die Juden, sich dem neuen Beschluss zu widersetzen und weiter am Haus Gottes in Jerusalem zu bauen.

Und der Prophet Haggai und Sacharja, der Sohn Iddos, die Propheten, weissagten den Juden, die in Juda und in Jerusalem waren, im Namen des Gottes Israels, der über ihnen war. Da machten sich Serubbabel, der Sohn Schealtiëls, und Jeschua, der Sohn Jozadaks, auf und fingen an, das Haus Gottes in Jerusalem zu bauen. Mit ihnen waren die Propheten Gottes, die sie unterstützten. Esra 5:1-2

Als es zu Protesten kam, verlangte König Darius eine Erklärung, warum die Juden sich dem Erlass widersetzten, den

Bau des Tempels einzustellen. Daraufhin gaben die jüdischen Führer dem König folgende Antwort:

> Wir sind die Knechte des Gottes des Himmels und der Erde, und wir bauen das Haus wieder auf, das früher viele Jahre als Gebäude bestanden hat. Ein großer König von Israel hatte es gebaut und vollendet. Da aber unsere Väter den Gott des Himmels zum Zorn reizten, gab er sie in die Hand Nebukadnezars, des Königs von Babel, des Chaldäers; der zerstörte dieses Haus und führte das Volk nach Babel fort. Doch im ersten Jahr des Kyrus, des Königs von Babel, gab der König Kyrus den Befehl, dieses Haus Gottes wieder aufzubauen. Und auch die goldenen und silbernen Geräte des Hauses Gottes, die Nebukadnezar aus dem Tempel zu Jerusalem herausgenommen und in den Tempel zu Babel gebracht hatte, die nahm der König Kyrus aus dem Tempel zu Babel heraus. Sie wurden Scheschbazar – so sein Name – übergeben, den er als Verwalter einsetzte. Und er sagte zu ihm: Nimm diese Geräte, ziehe hin, lege sie im Tempel zu Jerusalem nieder! Und das Haus Gottes soll an seiner früheren Stätte wieder aufgebaut werden. Darauf kam dieser Scheschbazar und legte die Fundamente des Hauses Gottes, das in Jerusalem ist. Von da an bis jetzt wird daran gebaut. Es ist aber noch nicht vollendet. Und nun, wenn es dem König recht ist, dann werde nachgeforscht im Schatzhaus des Königs, das dort in Babel ist, ob es so ist, dass vom König Kyrus der Befehl gegeben worden ist, dieses Haus Gottes in Jerusalem wieder aufzubauen. Die Entscheidung des Königs darüber schicke man uns zu. *Esra 5:11-17*

Darius stellte Nachforschungen an und fand den Befehl von Kyrus. Daraufhin bestätigte er, die Juden waren im Recht. Er sandte ein Antwortschreiben mit der Anordnung, die Arbeiten zur Errichtung des Tempels zu unterstützen. Der Brief endete:

> Der Gott aber, der seinen Namen dort wohnen lässt, stürze jeden König und jedes Volk nieder, die ihre Hand ausstrecken, diesen

> Erlass zu übertreten, um dieses Haus Gottes zu zerstören, das in Jerusalem ist! Ich, Darius, habe den Befehl gegeben. Gewissenhaft soll er ausgeführt werden!
>
> Esra 6:12

Heute sind wir aufgerufen, so wie die Propheten Haggai und Sacharja zu handeln. Wir beten für das jüdische Volk und ermutigen es, die zionistische Vision der Wiederherstellung Israels gemäß dem prophetischen Wort und der Entscheidung, welche die internationale Gemeinschaft 1922 getroffen hat, zu verwirklichen.

Die Führer Israels brauchen heute den Mut, so wie die jüdischen Führer nach der Rückkehr aus Babel zu handeln, als diese kühn ihr göttliches, historisches und legales Recht auf ihr eigenes Heimatland im gesamten Gebiet zwischen dem Jordan und dem Mittelmeer einforderten.

Die Zweistaatenlösung entspricht nicht dem Willen Gottes. Sie wird den Konflikt in der Region nicht lösen und stellt eine große Gefahr für Israel dar. Letztlich wird der Antichrist Israel einen falschen Friedensplan anbieten, der zur größten existenziellen Bedrohung des jüdischen Volkes in seiner Geschichte führen wird.

So wie es die Propheten Haggai und Sacharja zu ihrer Zeit taten, sollten wir heute das jüdische Volk in seinem Recht auf das gesamte Land Israel bestärken, auch wenn die internationale Gemeinschaft inzwischen ihre Meinung geändert hat und von den Juden fordert, die Gebiete zu räumen, in denen sie ihre stärksten historischen und religiösen Wurzeln haben.

DIE PALÄSTINENSER HABEN BEREITS EINEN EIGENEN STAAT

Der Beschluss des Völkerbundes von 1922 sprach dem jüdischen Volk die nationalen Rechte in dem gesamten

Gebiet zu, das damals Palästina genannt wurde. Die Araber erhielten nationale Rechte im Libanon, in Syrien und im Irak. Im Mandatsgebiet Palästina erhielten die Araber bürgerliche und religiöse Rechte, aber keine nationalen Rechte. Zu dieser Zeit gab es kein eigenständiges „palästinensisches" Volk, da es eine viel spätere Erfindung ist. Auch zum Zeitpunkt der UN-Abstimmung über die Aufteilung Palästinas im Jahr 1947 existierte kein „palästinensisches" Volk. Bei der Abstimmung ging es um die Teilung des Landes in einen jüdischen und einen **arabischen** Staat, nicht um einen „palästinensischen" Staat.

Die „Palästinenser" selbst sagen in ihrer PLO-Charta, sie seien ein Teil der „arabischen Nation". Die arabische Nation besteht heute aus 21 Staaten auf einer Fläche, die fast so groß wie die Vereinigten Staaten ist. All diese Staaten sprechen dieselbe Sprache, folgen derselben vorherrschenden Religion, haben dieselbe Kultur und betrachten sich als „arabische Nation".

Die Araber haben bereits einen arabisch palästinensischen Staat namens Jordanien. **Denn nach der Entscheidung von San Remo im Jahr 1920 trennte Großbritannien fast 80 % des Mandatsgebiets Palästina ab, obwohl es den Juden als Heimatland versprochen worden war, und übergab dieses Gebiet den Arabern.** Dies führte dann 1946 zur Gründung des palästinensisch-arabischen Staates Transjordanien, **der heute Jordanien heißt.**

Die Lösung des Konflikts zwischen Arabern und Juden im Nahen Osten besteht nicht darin, den Arabern einen 22. Staat und damit den „palästinensischen" Arabern einen weiteren Staat zu geben. Ebenso wenig besteht die Lösung der Rassenkonflikte in den Vereinigten Staaten darin, den dortigen Minderheiten ein eigenes Land zu geben. Es gibt keinen ernsthaften Politiker, der eine solche Lösung vorschlagen würde.

Der einzig gangbare Weg zur Lösung des Konflikts zwischen Juden und Arabern besteht darin, sich für eine friedliche Koexistenz beider einzusetzen. **Das größte Hindernis für** den Frieden stellt der muslimisch religiöse Fanatismus und Dschihadismus dar, der zum Hass und zur Ermordung von Juden aufruft. Das Problem besteht in der Weigerung heutiger Politiker, dies anzuerkennen und sich überhaupt damit auseinanderzusetzen.

DER FRIEDENSPLAN DES ANTICHRISTEN

Der Antichrist wird in der Endzeit als falscher messianischer Friedensfürst auftreten. Dem Buch Daniel folgend wird dieser Israel in ein falsches, siebenjähriges Friedensbündnis locken; aber der Frieden wird nicht halten. Schon nach dreieinhalb Jahren wird dieser zerbrechen. Es ist nicht schwer, die Konturen dieses falschen Friedens in dem Druck der ganzen Welt auf Israel zu erkennen, die sogenannte Zwei-Staaten-Lösung zu akzeptieren. Diese ist nichts anderes als der Plan des Feindes zur Zerstörung Israels.

Eine Zweistaatenlösung wird keinen dauerhaften Frieden bringen, sondern stattdessen in einem großen militärischen Krieg münden. Die Armeen der Nationen werden in ihrem Versuch umkommen, Israel auszulöschen, um so Frieden zu schaffen.

> **Wenn sie sagen: Friede und Sicherheit!, dann kommt ein plötzliches Verderben über sie, wie die Geburtswehen über die Schwangere; und sie werden nicht entfliehen.** 1. Thessalonicher 5:3

Der Messias wird zur Rettung Israels eingreifen. Jesaja prophezeite über die Pläne der Nationen gegen Jerusalem und wie ein militärischer Angriff zu großer Enttäuschung führen wird.

> Und wie ein Traum, wie eine Vision in der Nacht wird die Menge all der Nationen sein, die Krieg führen gegen Ariël, und alle, die gegen sie und ihre Befestigung zu Felde ziehen und sie bedrängen. Und es wird sein wie wenn der Hungrige träumt: siehe, er isst – dann wacht er auf, und seine Seele ist leer; und wie wenn der Durstige träumt: siehe, er trinkt – dann wacht er auf, und siehe, er ist erschöpft, und seine Seele ist ausgedörrt: So wird die Menge all der Nationen sein, die Krieg führen gegen den Berg Zion. Jesaja 27:7-8

Der Prophet Sacharja beschreibt detailliert, wie der Kampf gegen Jerusalem schließlich zur Ankunft des Messias führen wird.

> Siehe, ein Tag kommt für den HERRN, da verteilt man in deiner Mitte dein Plündergut. Und ich versammle alle Nationen nach Jerusalem zum Krieg; und die Stadt wird eingenommen und die Häuser werden geplündert. Und die Frauen werden geschändet. Und die Hälfte der Stadt wird in die Gefangenschaft ausziehen, aber der Rest des Volkes wird nicht aus der Stadt ausgerottet werden. Sacharja 14:1-2

Diese Prophetie erfüllt sich teilweise während des israelischen Unabhängigkeitskrieges 1948, als Jerusalem geteilt und die jüdische Bevölkerung der Altstadt von Jerusalem von den arabischen Armeen vertrieben wurde. Vor allem aber steht eine zukünftige Erfüllung der Prophetie im Zusammenhang mit der Ankunft des Messias bevor. Denn Sacharja fährt fort:

> Dann wird der HERR ausziehen und gegen jene Nationen kämpfen, wie er schon immer gekämpft hat am Tag der Schlacht. Und seine Füße werden an jenem Tag auf dem Ölberg stehen, der vor Jerusalem im Osten liegt; und der Ölberg wird sich von seiner Mitte aus nach Osten und nach Westen spalten und ein sehr großes Tal schaffen,

und die eine Hälfte des Berges wird nach Norden und seine andere Hälfte nach Süden weichen. Sacharja 14:3-4

Der militärische Angriff auf Jerusalem wird das Gericht Gottes über all diese Nationen auslösen. Gemäß Hesekiel wird Gott die bösen Nationen tatsächlich zum Angriff auf Israel verleiten, um sie dann für ihre Bosheit richten zu können.

So spricht der Herr, HERR: Siehe, ich will an dich, Gog, Fürst von Rosch, Meschech und Tubal. Und ich lenke dich herum und lege Haken in deine Kinnbacken; und ich führe dich heraus und dein ganzes Heer …
… und wirst gegen mein Volk Israel heraufziehen wie eine Wolke, um das Land zu bedecken? Am Ende der Tage wird es geschehen, dass ich dich über mein Land kommen lasse, damit die Nationen mich erkennen, wenn ich mich an dir, Gog, vor ihren Augen als heilig erweise.
So spricht der Herr, HERR: Bist du nicht der, von dem ich in vergangenen Tagen geredet habe durch meine Knechte, die Propheten Israels, die in jenen Tagen jahrelang weissagten, dass ich dich über sie kommen lassen würde? Hesekiel 38:3-4, 16-17

Hesekiel fährt mit seiner Prophetie über diese Armee fort:

Auf den Bergen Israels wirst du fallen, du und alle deine Scharen und die Völker, die mit dir sind; den Raubvögeln aller Art und den Tieren des Feldes habe ich dich zum Fraß gegeben; auf dem freien Feld sollst du fallen. Denn ich habe es geredet, spricht der Herr, HERR. Und ich sende Feuer gegen Magog und gegen die, die auf den Inseln sicher wohnen. Und sie werden erkennen, dass ich der HERR bin. Und ich werde meinen heiligen Namen kundtun mitten in meinem Volk Israel und werde meinen heiligen Namen nicht mehr entweihen lassen. Und die Nationen werden erkennen, dass

ich der HERR bin, der heilig ist in Israel. Siehe, es kommt und wird geschehen, spricht der Herr, HERR. Das ist der Tag, von dem ich geredet habe.
Hesekiel 39:4-8

Wir sind aufgerufen, diesen Verheißungen gemäß zu beten. Keiner der Pläne gegen Jerusalem wird gelingen.

GOTTES NAME WIRD VERHERRLICHT

Gott fordert uns auf, uns über Israel zu freuen und für seine Rettung zu beten, denn dies wird die ganze Welt segnen.

Denn so spricht der HERR: Jubelt über Jakob mit Freuden und jauchzt über das Haupt der Nationen! Verkündet, lobsingt und sprecht: Gerettet hat der HERR sein Volk, den Rest Israels!
Jeremia 31:7

Im grellen Gegensatz zur Teilung des Landes wird der Name Gottes verherrlicht, wenn die Grenzen Israels erweitert werden.

Darum sage zum Haus Israel: So spricht der Herr, HERR: Nicht um euretwillen handle ich, Haus Israel, sondern um meines heiligen Namens willen, den ihr entweiht habt unter den Nationen, zu denen ihr gekommen seid. Und ich werde meinen großen, unter den Nationen entweihten Namen heiligen, den ihr mitten unter ihnen entweiht habt. Und die Nationen werden erkennen, dass ich der HERR bin, spricht der Herr, HERR, wenn ich mich vor ihren Augen an euch als heilig erweise. **Und ich werde euch aus den Nationen holen und euch aus allen Ländern sammeln und euch in euer Land bringen.**
Hesekiel 36:22-24

Ebenso prophezeite Joel, der Geist Gottes werde auf alles Fleisch fallen, wenn Israel gegründet ist:

Und ihr werdet erkennen, dass ich in Israels Mitte bin und dass ich, der HERR, euer Gott bin und keiner sonst. Und mein Volk soll nie mehr zuschanden werden.
Und danach wird es geschehen, dass ich meinen Geist ausgießen werde über alles Fleisch. Joel 2:27; 3:1

Und Paulus schrieb über Israel:

Denn wenn ihre Verwerfung die Versöhnung der Welt ist, was wird die Annahme anderes sein als Leben aus den Toten? Römer 11:15

ZUSAMMENFASSUNG

Die Gemeinde muss nach Gottes Wort auf der Seite der Wahrheit stehen und dafür beten, dass Sein Wille geschieht. Das bedeutet, fest gegen eine Zwei-Staaten-Lösung zu stehen und für eine Ein-Staaten-Lösung unter der Souveränität Israels einzutreten.

1. Gott wird alle Nationen richten, die Sein Land geteilt haben.
2. Eine Zwei-Staaten-Lösung ist die größte Bedrohung für das Überleben Israels.
3. Eine israelische Ein-Staaten-Lösung wäre sowohl für Juden als auch für Araber der größte Segen. Kein Araber im Nahen Osten hat mehr Freiheit als ein Araber in Israel.
4. Der Herr hat versprochen, die Pläne der Nationen zunichtezumachen und die Pläne der Völker zu vereiteln (Psalm 33:10-11).
5. Er hat versprochen, über Jerusalem zu wachen und die Stadt zu einem Stemmstein zu machen, an dem sich die Menschen, beim Versuch ihn zu heben, verletzen werden (Sacharja 12:3).

6. Wenn Gott die Pläne der Völker durchkreuzt und stattdessen die Grenzen Israels erweitert, führt es dazu, dass Sein Name auf der ganzen Erde verherrlicht wird (Jesaja 26:15 und Matthäus 6:9).

3
Warum werden die Juden so gehasst?

Siehe, das Volk wird abgesondert wohnen und sich nicht zu den Völkern rechnen.
4. Mose 23:9 (LU)

Da sagte Haman zum König Ahasveros: Da gibt es ein Volk, verstreut und abgesondert unter den Völkern in allen Provinzen deines Königreiches! Und ihre Gesetze sind von denen jedes anderen Volkes verschieden ...
Ester 3:8

Antisemitismus bedeutet Vorurteile oder Hass gegen Juden und/oder alles Jüdische[32]. Er ist die älteste und beständigste Form des Rassismus in der Geschichte der Menschheit. Seit den Tagen des Pharaos in Ägypten ist das jüdische Volk beständig verfolgt worden.

Bei jedem Passahfest rezitiert das jüdische Volk während des traditionellen Sedermahls: „In jeder Generation erheben sie sich gegen uns, um uns zu vernichten. Aber der Heilige, gepriesen sei Er, befreit uns aus ihren Händen."

Hier folgen einige Beispiele aus der Geschichte:

1430 v. Chr.	Während der Sklaverei in Ägypten versucht der Pharao, alle jüdischen Jungen zu töten.
700 v. Chr.	Assyrien vertreibt die zehn Stämme aus dem Nordreich und versucht, Jerusalem zu zerstören.

---

[32] Eine weithin bekannte und wichtige Definition ist die von der IHRA verwendete „Arbeitsdefinition für den Antisemitismus" ("What is antisemitism?" IHRA, 20.12.2023) https://holocaustremembrance.com/resources/working-definitions-charters/working-definitionantisemitism).

586 v. Chr.	Babylon brennt Jerusalem nieder und verschleppt die Juden nach Babylon.
356 v. Chr.	Haman versucht einen Völkermord an den Juden.
138 v. Chr.	Die griechische Regierung verbietet die Ausübung des Judentums in Israel unter Androhung der Todesstrafe.
70 n. Chr.	Die Römer marschieren in Israel ein und vertreiben die Juden aus Jerusalem.
135 n. Chr.	Erneut fallen die Römer in Israel ein und vertreiben die Juden aus Jerusalem.
486	Christliche Mönche und der Pöbel verbrennen Synagogen, graben einen jüdischen Friedhof aus und verbrennen die Gebeine.
624	Mohammed überwacht die Enthauptung von 600 Juden an einem Tag in Medina.
640	Juden werden aus Arabien vertrieben.
1096	Erster Kreuzzug: Tausende von Juden werden gefoltert und massakriert.
1146	Zweiter Kreuzzug: Tausende von Juden, darunter auch Frauen und Kleinkinder, werden in ganz Europa abgeschlachtet.
13. Jhdt	Die Juden werden beschuldigt, den Schwarzen Tod (die Pest) verursacht zu haben. Sie werden in Frankfurt, Speyer, Koblenz, Mainz, Krakau, im Elsass, in Bonn und in anderen Städten ermordet.
1290	werden die Juden aus England vertrieben.
1306	werden die Juden aus Frankreich vertrieben.
1349	werden die Juden aus Ungarn vertrieben.
1394	Zweite Vertreibung aus Frankreich.
15. Jhdt	Juden werden beschuldigt, christliche Kinder zu ermorden, um mit ihrem Blut ungesäuertes Matzebrot für das Passahfest zu backen (die „Ritualmordlegende").
1421	werden die Juden aus Österreich vertrieben.
1492	werden die Juden aus Spanien vertrieben und die Inquisition beginnt.

Warum werden die Juden so gehasst?

1496	werden die Juden aus Portugal vertrieben.
16. Jhdt	Juden, die heimlich ihre Identität bewahrt haben, werden in Mexiko, Portugal, Peru und Spanien verbrannt.
1553	Der Talmud wird in Italien verbrannt.
1648-66	Kosaken, Polen, Russen und Schweden massakrieren Juden.
1744	Juden werden aus Böhmen und Mähren vertrieben.
1818	Pogrome im Jemen.
1840	Ritualmordverleumdung in Damaskus.
1862	General Ulysses S. Grant vertreibt Juden aus Tennessee.
1882	Pogrome in Russland.
1917-19	Das Studium der hebräischen Sprache gilt in der Sowjetunion als „Verbrechen gegen den Staat".
1922	Der arabisch-muslimische Terror gegen Juden in Israel nimmt zu.
1939-45	Sechs Millionen Juden werden in ganz Europa ermordet.
1948	Arabische Länder beginnen einen Krieg, um den Staat Israel auszulöschen. Juden fliehen um ihr Leben aus Algerien, Irak, Syrien, Jemen und Ägypten.
1964	Die Palästinensische Befreiungsorganisation (PLO) wird mit dem Ziel gegründet, Israel zu vernichten. Sie startet Terroranschläge gegen Israel aus den umliegenden arabischen Staaten.
1967	Unter der Führung Ägyptens begehen benachbarte muslimische Staaten Kriegshandlungen gegen Israel und erklären ihre Absicht, Israel von der Landkarte zu tilgen, was zum Sechstagekrieg führt.
1973	Ägypten und Syrien starten am heiligen Tag Jom Kippur eine Überraschungsinvasion in Israel, um es zu vernichten.
1979	Die Islamische Revolution im Iran verkündet das Ziel, Israel zu vernichten.

1982	Der Iran gründet im Libanon die schiitische Terrororganisation Hisbollah mit dem Ziel, Israel zu vernichten.	
1987	Beginn des ersten palästinensischen Aufstands (Intifada). Die Muslimbruderschaft gründet die palästinensische Terrororganisation Hamas, deren Ziel die Ermordung aller Juden und die Zerstörung Israels ist.	
1993	Unterzeichnung des Friedensabkommens von Oslo zwischen Israel und der PLO, was jedoch zu Selbstmordattentaten und Terror führt.	
2000	Mit der Zweiten Intifada beginnt in ganz Israel eine Welle von Terroranschlägen und Selbstmordattentaten.	
2006	Die Hisbollah beginnt den zweiten Libanonkrieg gegen Israel.	
2007	Die Hamas übernimmt die Kontrolle über den Gazastreifen; dies führt zu einer Zunahme wahlloser Raketenangriffe auf zivile Ziele in Israel und zu mehreren Kriegen mit Israel in den Jahren 2008, 2012, 2014, 2021 und 2023.	
2021	US-Präsident Biden nimmt die offiziellen Beziehungen zur Palästinensischen Autonomiebehörde wieder auf und verstößt damit gegen den Tayler Force Act von 2018, was zu einem starken Anstieg palästinensischer Terroranschläge vor allem in Judäa, Samaria und Jerusalem führt.	
2023	Am 7. Oktober startet die Hamas eine überraschende Invasion und einen Terrorangriff auf Israel, bei dem 1.200 Menschen, überwiegend Zivilisten, ermordet werden – die schlimmste Gräueltat gegen Juden seit dem Holocaust. Das Massaker wird von 71 % der Araber in Gaza, Judäa und Samaria unterstützt.[33] Auf der ganzen Welt kommt es zu gewalttätigen Massenprotesten, bei denen die Ermordung von Juden und das Ende Israels gefordert werden. Antisemitische Angriffe nehmen weltweit sprunghaft zu. Russland ergreift offen Partei für die Hamas.	

---

33 „Eine von Palästinensern durchgeführte Studie fand heraus, 71% der Palästinenser befürworten die Entscheidung, Israel am 7. Oktober anzugreifen; 93% glauben

Die Frage, die man sich stellen muss, lautet: Was könnte der Grund für den anhaltenden Antisemitismus und die ständige Verfolgung des jüdischen Volkes im Laufe der Geschichte sein? Ich werde fünf Gründe als Erklärung nennen.

1. DIE ERWÄHLUNG ISRAELS

Der erste Grund für den langanhaltenden Hass gegen das jüdische Volk besteht in seiner Erwählung durch Gott. Er hat dieses Volk vor allen anderen Völkern der Erde zu Seinem Eigentum erwählt. Gott sagt über Israel:

> **Denn du bist dem HERRN, deinem Gott, ein heiliges Volk. Dich hat der HERR, dein Gott, erwählt, dass du ihm zum Volk seines Eigentums wirst aus allen Völkern, die auf dem Erdboden sind.**
>
> 5. Mose 7:6

König David betete vor dem Herrn:

> **Und wer ist wie dein Volk, wie Israel, die einzige Nation auf Erden, für die Gott hingegangen ist, sie sich zum Volk zu erlösen und um sich einen Namen zu machen und an ihnen Großes zu erweisen und furchtgebietende Taten an deinem Land, indem du vor deinem Volk, das du dir aus Ägypten erlöst hast, Nationen und ihre Götter vertriebst. Und du hast dir dein Volk Israel fest gegründet, auf ewig zum Volk für dich; und du, HERR, bist ihr Gott geworden.**
>
> 2. Samuel 7:23-24

---

nicht, die Terrororganisation habe damit Kriegsverbrechen begangen." (Yitz Goldberg, „Poll: 71% of Palestinian Arabs support October 7th attack," *Israel National News*, 20.03.2024, *https://israelnationalnews.com/news/387091* [20.03.2024]).

Israel ist also ein heiliges Volk, das Gott zu Seinem besonderen Volk, zu Seinem kostbaren Besitz erwählt hat. Beachte die immerwährende Gültigkeit dieser Erwählung. Der Teufel hasst alles, was zu Gott gehört. Der Antisemitismus und der Hass auf das jüdische Volk sind letztlich vom Teufel initiiert. Aber die Erwählung Israels als Gottes besonderes Volk hat auch bei anderen Völkern im Laufe der Geschichte starke Eifersuchtsgefühle hervorgerufen.

Wir müssen uns jedoch daran erinnern, dass Gott Israel als Sein besonderes Volk erwählt hat, um dadurch *alle* Völker der Erde zu segnen. Gott sagte bei seiner Erwählung zu Abraham:

Und ich will dich zu einer großen Nation machen, und ich will dich segnen, und ich will deinen Namen groß machen, und du sollst ein Segen sein! Und ich will segnen, die dich segnen, und wer dir flucht, den werde ich verfluchen; und in dir sollen gesegnet werden alle Geschlechter der Erde! 1. Mose 12:2-3

Dann wiederholte Er das gleiche Versprechen an Jakob:

Und deine Nachkommenschaft soll wie der Staub der Erde werden, und du wirst dich ausbreiten nach Westen und nach Osten und nach Norden und nach Süden hin; und in dir und in deiner Nachkommenschaft sollen gesegnet werden alle Geschlechter der Erde. 1. Mose 28:14

Die Erwählung Israels ist Teil des Heilsplans Gottes für die gesamte Menschheit. Jemand hat es folgendermaßen ausgedrückt: „Denn Gott hat die Welt so sehr geliebt, dass Er Israel erwählt hat." Seine Berufung besteht darin, die ganze Welt zu segnen.

Man sollte sich daran erinnern, diese Erwählung des jüdischen Volkes zum Segen für die ganze Welt **hat im Neuen Bund nicht aufgehört**. Fälschlicherweise wird in vielen christlichen

Überlieferungen verkündet, Gott hätte Israel nur deshalb erwählt, damit Jesus durch die Juden in die Welt geboren wird. Damit sei ihre besondere Berufung beendet. Aber Petrus sagte zu den Juden im Tempel in Jerusalem nach Jesu Tod und Auferstehung:

> **Ihr seid die Söhne der Propheten und des Bundes, den Gott euren Vätern verordnet hat, als er zu Abraham sprach: »Und in deinem Samen werden gesegnet werden alle Geschlechter der Erde.«**
>
> Apostelgeschichte 3:25

Die einzigartige Berufung und Aufgabe des jüdischen Volkes, die ganze Welt zu segnen, bleibt bestehen. Paulus erklärt Folgendes im Brief an die Römer:

> **Wenn aber ihr Fall der Reichtum der Welt ist und ihr Verlust der Reichtum der Nationen, wie viel mehr ihre Vollzahl!**
> **Denn wenn ihre Verwerfung die Versöhnung der Welt ist, was wird die Annahme anderes sein als Leben aus den Toten?** Römer 11:12,15

Der größte Segen des jüdischen Volkes für die Welt liegt noch in der Zukunft. Wir warten immer noch darauf, die Fülle dessen zu erleben – die Auferstehung von den Toten und neues Leben für die ganze Welt.

Die christliche Ersatztheologie besagt, der besondere Status der Juden als Gottes auserwähltes Volk sei weggefallen und auf die Kirche übertragen worden. Diese Erzählung reicht bis in die ersten Jahrhunderte zurück. Leider ist sie auch heute noch tief in der christlichen Theologie verwurzelt. Die Ersatztheologie ist ein schwerwiegender Identitätsdiebstahl, der zu weiterem Antisemitismus geführt hat. Er hat dem jüdischen Volk in den letzten zweitausend Jahren unendlich viel Tod und Leid gebracht.

2. DAS JÜDISCHE VOLK IST ANDERS

Der zweite Grund für den anhaltenden Antisemitismus besteht darin, dass sich die Juden von allen anderen Menschen auf der Erde unterscheiden. Gott sagt über Israel:

> **Denn du bist dem HERRN, deinem Gott, ein heiliges Volk.** 5. Mose 7:6

Das Wort „heilig" bedeutet „abgesondert". Die Juden sind dazu berufen, ein besonderes Volk zu sein, das anders ist. Bileam prophezeite über Israel:

> **Denn vom Gipfel der Felsen sehe ich es, und von den Höhen herab schaue ich es; siehe, ein Volk, das abgesondert wohnt und sich nicht zu den Nationen rechnet.** 4. Mose 23:9

Gott schloss am Berg Sinai einen Bund mit Israel, damit es Sein besonderes Eigentum vor allen anderen Völkern der Erde sein sollte. Das Gesetz wurde ihnen gegeben, um sie vor dem Einfluss der anderen Völker zu schützen. Paulus schrieb darüber an die Galater:

> **Bevor aber der Glaube kam, wurden wir unter ‹dem› Gesetz verwahrt, eingeschlossen auf den Glauben hin, der offenbart werden sollte.** Galater 3:23

Dies ist leider eine gängige, negative Übersetzung von etwas positiv Gemeintem. Im griechischen Text steht nichts von einer *Gefangenschaft* (oder *Verwahrung*). Eine Mauer kann entweder etwas Negatives sein, das einen Menschen einsperrt. Sie kann aber auch etwas Positives sein, das einen Menschen schützt. Genau dasselbe griechische Wort, das mit „verwahrt" übersetzt wird, kommt auch im Petrusbrief vor, wo es heißt:

> ... die ihr in der Kraft Gottes durch Glauben **bewahrt** werdet zur Rettung, die bereitsteht, in der letzten Zeit offenbart zu werden.
>
> 1. Petrus 1:5

Petrus meint damit nicht, dass wir durch den Glauben in ein Gefängnis gesperrt werden, sondern wir werden durch den Glauben *bewahrt*. In gleicher Weise wurde das Volk Israel durch das Gesetz geschützt und vor dem Untergang bewahrt. Das gilt für Israel immer noch und wird bis zu dem Tag gelten, an dem der Messias kommt.

> **Und so wird ganz Israel gerettet werden ...** Römer 11:26 (LU)

Haman, der klassische Antisemit, der das jüdische Volk im persischen Reich ausrotten wollte, sagte zu König Ahasverus:

> **Da gibt es ein Volk, verstreut und abgesondert unter den Völkern in allen Provinzen deines Königreiches! Und ihre Gesetze sind von denen jedes anderen Volkes verschieden**, und die Gesetze des Königs befolgen sie nicht; und es ist dem König nicht angemessen, sie gewähren zu lassen. **Wenn es dem König gefällt, werde eine Anordnung geschrieben, sie auszurotten.** Ich will dann zehntausend Talente Silber in die Hände der Beamten darwiegen, damit sie es in die Schatzkammern des Königs bringen.
>
> Ester 3:8-9

Haman rechtfertigte seinen Hass auf die Juden mit den Worten: „Ihre Gesetze sind anders als die Gesetze aller anderen Völker".

Die Berufung des jüdischen Volkes, heilig, abgesondert und anders zu sein, besteht im Neuen Bund fort. Das gesamte Neue Testament teilt die Menschheit immer noch ein in die Beschnittenen, d.h. die Juden, und die Unbeschnittenen, d.h. die Heiden. Paulus schrieb darüber:

> Doch wie der Herr einem jeden zugeteilt hat, wie Gott einen jeden berufen hat, so wandle er; und so verordne ich es in allen Gemeinden. Ist jemand beschnitten berufen worden, so bleibe er bei der Beschneidung; ist jemand unbeschnitten berufen worden, so lasse er sich nicht beschneiden.
>
> 1. Korinther 7:17-18

Die apostolische Regel, die Paulus für alle Gemeinden aufstellte, lautete: Obwohl beide aus Gnade gerettet sind – Juden und Heiden – haben sie unterschiedliche Berufungen und müssen in ihren unterschiedlichen Berufungen bleiben, auch nachdem sie zum Glauben gekommen sind. Wenn jemand als Beschnittener, d.h. als Jude, berufen wurde, „soll er nicht versuchen, die Zeichen der Beschneidung zu entfernen". Aus diesem Grund beschlossen die Apostel zum Beispiel, dass Paulus und Barnabas mit dem Evangelium zu den Heiden gehen sollten, während Jakobus, Petrus und Johannes zu den Beschnittenen gehen würden (Galater 2:9).

Da Gott das jüdische Volk dazu berufen hat, im Gehorsam gegenüber dem mosaischen Gesetz zu leben, bleibt es ein Volk, das sich von allen anderen Völkern unterscheidet. Dies ist einer der Hauptgründe, warum es seit der Verkündigung des Gesetzes auf dem Berg Sinai immer gehasst und verfolgt wurde. Die Berufung beinhaltet auch die ihnen von Gott gestellten Bedingungen und die schrecklichen, sich daraus ergebenden Konsequenzen, wenn sie sich nicht an den Bund halten.

3. ERRETTUNG KOMMT VON DEN JUDEN

Den dritten Grund für den Antisemitismus, den immerwährenden Hass und die Verfolgung der Juden finden wir in Jesu Aussagen bei seinem Gespräch mit der samaritischen Frau am Jakobsbrunnen in Sichem:

> **Ihr betet an, was ihr nicht kennt; wir beten an, was wir kennen, denn das Heil ist aus den Juden.**
>
> Johannes 4:22

Da das Heil von den Juden kommt, hat der Teufel dieses Volk immer gehasst und versucht, es auszurotten. Alles, was mit unserer Errettung zu tun hat, ist vom jüdischen Volk zu uns gekommen. Der Retter der Welt wurde als Jude geboren. Er kam durch eine jüdische Mutter als neugeborener König der Juden auf die Welt (Matthäus 2:1-2) und wurde als Jude am achten Tag beschnitten. Zu diesem Zeitpunkt erhielt Er nach jüdischer Tradition auch Seinen Namen.

> **Und als acht Tage vollendet waren, dass man ihn beschneiden sollte, da wurde sein Name Jesus [auf Hebräisch *Yeshua*], genannt, der von dem Engel genannt worden war, ehe er im Mutterleib empfangen wurde.**
>
> Lukas 2:21

Jesus lebte dann auf der Erde als jüdischer Rabbi, in vollkommenem Gehorsam gegenüber dem mosaischen Gesetz. Als Nathanael verstand, wer Jesus war, sagte er:

> **Rabbi, du bist der Sohn Gottes, du bist der König Israels.**
>
> Johannes 1:49

Der Same des Weibes, der den Kopf der Schlange zertreten sollte, wurde als Jude geboren und lebte als Jude. Das war für Paulus wichtig und so schrieb er an Timotheus:

> **Halte im Gedächtnis Jesus Christus, auferweckt aus den Toten, aus dem Samen Davids, nach meinem Evangelium ...**
>
> 2. Timotheus 2:8

Noch heute bezeichnet Sich Jesus als Jude. Er sagt im letzten Kapitel der Bibel:

> Ich, Jesus, habe meinen Engel gesandt, euch diese Dinge für die Gemeinden zu bezeugen. Ich bin die Wurzel und das Geschlecht Davids, der glänzende Morgenstern. *Offenbarung 22:16*

Auch die Bibel, das Wort Gottes, ist aus dem jüdischen Volk zu uns gekommen.

> Was ist nun der Vorzug des Juden oder was der Nutzen der Beschneidung? Viel in jeder Hinsicht. Denn zuerst sind ihnen die Aussprüche Gottes anvertraut worden. *Römer 3:1-2*

Das Evangelium ist durch die jüdischen Apostel von Jerusalem in die ganze Welt gelangt.

> So steht geschrieben, und so musste der Christus leiden und am dritten Tag auferstehen aus den Toten und in seinem Namen Buße zur Vergebung der Sünden gepredigt werden allen Nationen, anfangend von Jerusalem. *Lukas 24:46-47*

Hier finden wir die Wurzel unseres Glaubens und Paulus wendet sich wie folgt an die heidnischen Gläubigen in Rom:

> Wenn aber einige der Zweige herausgebrochen worden sind und du, der du ein wilder Ölbaum warst, unter sie eingepfropft und der Wurzel und der Fettigkeit des Ölbaumes mit teilhaftig geworden bist, so rühme dich nicht gegen die Zweige! Wenn du dich aber gegen sie rühmst – du trägst nicht die Wurzel, sondern die Wurzel dich. *Römer 11:17-18*

Und dann weiter:

> Denn es hat Mazedonien und Achaja wohlgefallen, einen Beitrag zu leisten für die Bedürftigen unter den Heiligen, die in Jerusalem sind.

> **Es hat ihnen nämlich wohlgefallen, auch sind sie ihre Schuldner. Denn wenn die Nationen ihrer geistlichen Güter teilhaftig geworden sind, so sind sie verpflichtet, ihnen auch in den leiblichen zu dienen.**
>
> Römer 15:26-27

Alle Nichtjuden sind dem jüdischen Volk für ihre Rettung zu Dank verpflichtet, denn die Rettung kommt von den Juden.

Beachte auch, dass Jesus der samaritanischen Frau nicht einfach sagte, das Heil sei von den Juden *gekommen*, als sei die Aufgabe der Juden in Gottes Heilsplan für die Welt mit dem ersten Kommen Jesu abgeschlossen. Er sagte, das Heil *kommt* von den Juden, und zwar im Präsens als etwas Kontinuierliches. Das jüdische Volk besitzt auch den Schlüssel für die Wiederkunft Jesu. Erst wenn sie als Volk Ihn vor allem durch ihre Führung in Jerusalem willkommen heißen, wird Er wiederkommen.

> **Jerusalem, Jerusalem, die da tötet die Propheten und steinigt, die zu ihr gesandt sind! Wie oft habe ich deine Kinder versammeln wollen, wie eine Henne ihre Küken versammelt unter ihre Flügel, und ihr habt nicht gewollt! Siehe, euer Haus wird euch öde gelassen; denn ich sage euch: Ihr werdet mich von jetzt an nicht sehen, bis ihr sprecht: „Gepriesen sei, der da kommt im Namen des Herrn!"**
>
> Matthäus 23:37-39

Somit müssen die Juden nach Jerusalem zurückgebracht werden, bevor Jesus wiederkommen kann. Sie müssen vor der Erfüllung dieser Verheißung in Jerusalem und insbesondere auf dem Tempelberg anwesend sein. Jesus zitiert dazu Psalm 118:

> **Gesegnet sei, der kommt im Namen des HERRN. Vom Haus des HERRN aus haben wir euch gesegnet.**
>
> Psalm 118:26

Ebenfalls auf dem Tempelberg zitierte Jesus den ersten Teil des folgenden Verses:

Denn ich sage euch [ihr jüdischen Leiter hier auf dem Tempelberg]: Ihr werdet mich von jetzt an nicht sehen, bis ihr sprecht: Gelobt sei, der da kommt im Namen des Herrn! Matthäus 23:39 (LU)

„Gesegnet ist, wer kommt" ist die hebräische Art, „Willkommen" zu sagen.

Gerade weil das Heil von den Juden kommt, hasst der Teufel das jüdische Volk so sehr und wollte es schon immer vernichten. „In jeder Generation erheben sie sich gegen uns, um uns zu vernichten. Aber der Heilige, gepriesen sei Er, befreit uns aus ihren Händen."

4. DIE JUDEN BESITZEN DIE BÜNDNISSE UND DIE VERHEISSUNGEN

Paulus gibt folgende Erklärung über das jüdische Volk:

Sie sind Israeliten, denen ... die Bundesschlüsse ... und die Verheißungen gehören ... Römer 9:4 (LU)

Da das jüdische Volk sowohl die „Bündnisse ... als auch die Verheißungen" besitzt, ist der Teufel voll darauf konzentriert, das jüdische Volk auszulöschen, um Gottes Verheißungen zunichtezumachen. Dies ist der vierte Grund für den anhaltenden Antisemitismus und die Verfolgung des jüdischen Volkes.

Hitler wollte ein tausendjähriges, arisches Weltreich errichten. Er war weder der Erste noch der Letzte, der das jüdische Volk zu vernichten suchte. Alle Reiche in der Geschichte, welche die Weltherrschaft anstrebten, hatten das gleiche Bestreben: Ägypten, Assyrien, Babylonien, Persien, Griechenland, Rom und leider auch die Ersatztheologie der christlichen Kirche. Dabei war leider niemand so grausam in der Verfolgung des jüdischen Volkes wie die ersatztheologische Kirche – und das gilt nicht nur für die katholische, sondern auch für die evangelische Kirche. Hitler könnte sagen, er habe den Juden nichts anderes angetan als das, was schon Luther in seinem berüchtigten Buch „Die Juden und ihre Lügen" befürwortete.[34]

Die Islamisten haben mit der Errichtung eines Weltreichs dasselbe Ziel wie Hitler. Deshalb sind sie in gleicher Weise bestrebt, das jüdische Volk auszulöschen. Das Gleiche gilt für den Kommunismus. Der Teufel weiß, dass Gott einen ewigen Bund mit Israel geschlossen hat. Er versprach, von Jerusalem aus die ganze Welt mit einem tausendjährigen Reich der Gerechtigkeit und des Friedens zu segnen.

Das Wort, das Jesaja, der Sohn des Amoz, über Juda und Jerusalem geschaut hat: Und es wird geschehen am Ende der Tage, da wird der Berg des Hauses des HERRN fest stehen als Haupt der Berge und erhaben sein über die Hügel. Und alle Nationen werden zu ihm strömen, und viele Völker werden hingehen und sagen: Kommt, lasst uns hinaufziehen zum Berg des HERRN, zum Haus des Gottes Jakobs, dass er uns aufgrund seiner Wege belehrt und wir auf seinen Pfaden gehen! Denn von Zion wird Weisung ausgehen und das Wort des HERRN von Jerusalem. Und er wird richten zwischen den Nationen und Recht sprechen für viele Völker. Dann werden sie ihre Schwerter zu Pflugscharen umschmieden und ihre Speere zu Winzermessern. Nicht mehr wird Nation gegen Nation das Schwert erheben, und sie werden den Krieg nicht mehr lernen. Haus Jakob, kommt, lasst uns im Licht des HERRN leben! Jesaja 2:1-5

---

34 Vgl. Michael L. Brown, *Our Hands Are Stained With Blood: The Tragic Story of the „Church" and the Jewish People* (Shippensburg, PA: Destiny Image Publishers, 1992). Brown zitiert Dennis Prager und Joseph Telushkin, die schrieben, „Nicht das Christentum brachte den Holocaust hervor; tatsächlich war der Nationalsozialismus sogar anti-christlich, aber es ermöglichte ihn. Ohne den christlichen Antisemitismus wäre der Holocaust unvorstellbar gewesen." (S. 7)

Die letzte Frage der Jünger an Jesus lautete:

Herr, stellst du in dieser Zeit für Israel das Reich wieder her?
Apostelgeschichte 1:6

Jesus tadelte sie nicht für diese Frage, sondern antwortete:

Es ist nicht eure Sache, Zeiten oder Zeitpunkte zu wissen, die der Vater in seiner eigenen Vollmacht festgesetzt hat. Apostelgeschichte 1:7

Zuerst muss das Evangelium in der ganzen Welt gepredigt werden, um allen Völkern ein Zeugnis zu geben. Dann wird das Ende kommen, wenn Jesus als Israels König und Messias auf dem Thron Seines Vaters David in Jerusalem sitzt, um über die ganze Erde zu herrschen und Israel das Reich wiederzugeben.

Der Teufel hasst die Erfüllung der Verheißungen Gottes, weil dann seine Zeit des Stehlens, Tötens und Zerstörens vorbei sein wird. Er wird zuerst für tausend Jahre gebunden und nach kurzer Zeit für immer in den brennenden Feuersee geworfen werden. Da die Verheißungen Israel gehören, hat der Teufel versucht, das jüdische Volk auszulöschen. Würde ihm das gelingen, könnte Gott Seine Verheißungen nicht mehr erfüllen und der Teufel hätte gewonnen. Danach strebt er ständig, seit Gott Israel erwählt hat. Dies ist ein weiterer Grund für den anhaltenden Antisemitismus.

5. DIE BERUFUNG BEINHALTET BESONDERE GABEN

Mit einer göttlichen Berufung gehen Gaben und Segnungen einher, die zur Erfüllung dieser Berufung notwendig sind. Paulus schreibt über diese Gaben:

> **Hinsichtlich des Evangeliums sind sie zwar Feinde um euretwillen, hinsichtlich der Auswahl aber Geliebte um der Väter willen. Denn die Gnadengaben und die Berufung Gottes sind unbereubar.**
>
> Römer 11:28-29

Dies ist der fünfte Grund, warum das jüdische Volk immer verfolgt wurde – purer Neid auf die diesem von Gott gegebenen Gaben.

Heute ist Israel ein kleines Land mit 7,5 Millionen jüdischen Einwohnern auf einer Fläche, die nur wenig größer ist als der Bundesstaat New Jersey. Dennoch zählt Israel zu den zehn mächtigsten Nationen der Welt. Das ist etwas Übernatürliches und auf die einzigartigen Gaben zurückzuführen, die Gott dem jüdischen Volk gegeben hat. 22 % aller Nobelpreise gingen im Laufe der Jahre an Juden, obwohl sie nicht mehr als 0,2 % der Weltbevölkerung ausmachen. Das bedeutet, dass jüdische Nobelpreisträger im Vergleich zu anderen ethnischen Gruppen um 11.250 % überrepräsentiert sind. Dies ist nicht nur auf den höheren Durchschnitts-IQ der Juden zurückzuführen, sondern vor allem auf die starken jüdischen Traditionen, bei denen Bildung, aber auch harte Arbeit und Ausdauer im Vordergrund stehen. Israels berühmtester Rabbiner des Mittelalters, Maimonides, erklärte, es sei verboten, junge Menschen beim Lernen zu unterbrechen oder zu stören, selbst wenn dies den Wiederaufbau des Tempels kosten würde.

Zur jüdischen Mentalität gehört auch, sich nicht mit dem Status quo zufrieden zu geben, sondern immer nach neuen Lösungen zu suchen. Die Juden waren schon immer anders. Als Jakob nach Haran aufbrach, um eine Frau zu suchen, heißt es:

> **Und Jakob machte sich auf und ging in das Land der Söhne des Ostens. Und er sah, und siehe, da war ein Brunnen auf dem Feld; und siehe, drei Schafherden lagerten dort an ihm, denn aus diesem**

> Brunnen tränkte man die Herden; und der Stein auf der Öffnung des Brunnens war groß. Und waren alle Herden dort versammelt, dann wälzte man den Stein von der Öffnung des Brunnens und tränkte die Schafe; dann brachte man den Stein wieder auf die Öffnung des Brunnens an seine Stelle. Und Jakob sagte zu ihnen: ... Siehe, es ist noch hoch am Tag, es ist nicht Zeit, das Vieh zu sammeln. Tränkt die Schafe, und geht hin, weidet sie! Sie aber sagten: Wir können nicht, bis alle Herden sich versammelt haben; dann wälzt man den Stein von der Öffnung des Brunnens und wir tränken die Schafe. ... Und es geschah, als Jakob die Rahel sah, die Tochter Labans, des Bruders seiner Mutter, und die Schafe Labans, des Bruders seiner Mutter, da trat Jakob hinzu und wälzte den Stein von der Öffnung des Brunnens und tränkte die Schafe Labans, des Bruders seiner Mutter.
>
> 1. Mose 29:1-10

Jakob akzeptierte die ihm gegebene Erklärung nicht, man müsse warten, bis alle Herden an ihrem Platz seien, bevor man die Schafe tränken könne. Er brach mit den bestehenden Gewohnheiten und erfand eine Möglichkeit, den Schafen sofort Wasser zu geben. Israel ist wegen all der neuen Erfindungen, die heute im Land gemacht werden, als die „Start-up-Nation" bekannt geworden. Dies führt zur Gründung von ständig neuen und profitablen Unternehmen.

Als Jakob 20 Jahre lang bei seinem Onkel Laban in Haran gearbeitet hatte, war er sehr reich geworden, obwohl Laban ihn immer wieder betrog.

> **Und er hörte die Reden der Söhne Labans, die sagten: Jakob hat alles an sich genommen, was unserem Vater gehörte; und von dem, was unserem Vater gehört, hat er sich all diesen Reichtum verschafft. Und Jakob sah das Gesicht Labans, und siehe, es war ihm gegenüber nicht wie früher. Und der HERR sprach zu Jakob: Kehre zurück in das Land deiner Väter und zu deiner Verwandtschaft! Ich werde mit dir sein.**
>
> 1. Mose 31:1-3

Jakob hatte nichts von Laban genommen – Gott hatte ihn gesegnet. Jakob erklärte seinem Schwiegervater, wie dies zustande gekommen war:

> Zwanzig Jahre bin ich nun in deinem Haus gewesen; vierzehn Jahre habe ich dir für deine beiden Töchter gedient und sechs Jahre für deine Herde, und du hast meinen Lohn zehnmal verändert. Wenn nicht der Gott meines Vaters, der Gott Abrahams, und der Schrecken Isaaks für mich gewesen wäre, gewiss, du hättest mich jetzt mit leeren Händen entlassen. Mein Elend und die Arbeit meiner Hände hat Gott angesehen und hat gestern Nacht entschieden.
>
> 1. Mose 31:41-42

In gleicher Weise hat Gott viele Juden während ihrer zweitausendjährigen Zerstreuung gesegnet und einigen von ihnen großen Reichtum geschenkt.

Als es Juden im Laufe der Geschichte verboten war, am Arbeitsmarkt teilzunehmen und Teil der Gesellschaft zu sein, mussten sie ihren eigenen Weg gehen und sich die wenigen, ihnen verbleibenden Berufe suchen. So wurden sie zum Beispiel zu Pionieren bei der Entwicklung neuer Bankmethoden, die noch heute verwendet werden. Einige waren erfolgreich im Diamantenhandel tätig. Später wurden die Juden von denselben Gemeinschaften angeklagt, die ihnen den Zugang zu anderen Berufen verboten hatten. Genau wie bei Jakob hatte dies zu Eifersucht und Feindseligkeit in der Umgebung geführt. Dies mag als eine weitere Erklärung für den heute weit verbreiteten Antisemitismus dienen.

EIN PRIESTERLICHES VOLK

Gott hat das jüdische Volk dazu berufen, ein priesterliches Volk zu sein. Über die Wiederherstellung Israels steht geschrieben:

> Sie werden die uralten Trümmerstätten aufbauen, das früher Verödete wieder aufrichten. Und sie werden die verwüsteten Städte erneuern, was verödet lag von Generation zu Generation. Dann werden Fremde dastehen und eure Schafherden weiden, und Ausländer werden eure Bauern und eure Weingärtner sein. Ihr aber, ihr werdet Priester des HERRN genannt werden; Diener unseres Gottes wird man zu euch sagen. Ihr werdet den Reichtum der Nationen genießen und mit ihrer Herrlichkeit euch brüsten.
>
> Jesaja 61:4-6

Zum priesterlichen Dienst gehört auch die Lehre. Gott hat den Juden zweifellos die enorme Gabe der Kommunikation gegeben. Eine klassische antisemitische Lüge lautet, die Juden würden Hollywood und alle Medien der Welt kontrollieren. Das ist sicher nicht wahr. Die Anschuldigung beruht auf der Tatsache, dass durchaus viele Juden in den Medien, in der Kommunikation, in der Literatur und der Lehre zahlenmäßig sehr stark vertreten sind. Auch diese Gabe hat Gott ihnen gegeben.

Gott hat das jüdische Volk unbestreitbar in einzigartiger Weise gesegnet, so wie Er es Abraham versprochen hat:

> Und ich will dich zu einer großen Nation machen, und ich will dich segnen, und ich will deinen Namen groß machen, und du sollst ein Segen sein! Und ich will segnen, die dich segnen, und wer dir flucht, den werde ich verfluchen; und in dir sollen gesegnet werden alle Geschlechter der Erde!
>
> 1. Mose 12:2-3

Petrus wiederholte diese Verheißung vor den Juden in Jerusalem:

> Ihr seid die Söhne der Propheten und des Bundes, den Gott euren Vätern verordnet hat, als er zu Abraham sprach: „Und in deinem Samen werden gesegnet werden alle Geschlechter der Erde."
>
> Apostelgeschichte 3:25

Juden haben die einzigartige Fähigkeit, überall, wo sie hinkommen, hervorragende Leistungen zu erbringen. Wenn die ihnen von Gott gegebenen Gaben richtig eingesetzt werden, führt dies zu großem Segen. Geraten jüdische Menschen in den falschen Kontext und werden ihre Gaben missbraucht, führt dies leider zu einem ebenso starken Fluch. In beiden Fällen entsteht oft Eifersucht und Feindseligkeit, so wie wir es über Jakob lesen.

DIE BERUFUNG ERFORDERT DISZIPLIN

Die dem jüdischen Volk von Gott gegebene einzigartige Berufung, ein Volk von Priestern für die ganze Welt zu sein, bedeutet auch, dass es unter besonderer Disziplin steht. Amos prophezeit darüber:

> **Hört dieses Wort, das der HERR über euch redet, ihr Söhne Israel, über das ganze Geschlecht, das ich aus dem Land Ägypten heraufgeführt habe! Nur euch habe ich von allen Geschlechtern der Erde erkannt; darum werde ich an euch alle eure Sünden heimsuchen. Gehen etwa zwei miteinander, außer wenn sie zusammengekommen sind?**
>
> Amos 3:1-3

Gott nennt Israel Seinen „erstgeborenen Sohn". Das Buch der Hebräer zitiert die Sprüche:

> **Die Zucht des HERRN, mein Sohn, verwirf nicht, und lass dich nicht verdrießen seine Mahnung! Denn wen der HERR liebt, den züchtigt er wie ein Vater den Sohn, den er gern hat.**
>
> Sprüche 3:11-12

Vor allem in den letzten zweitausend Jahren der Zerstreuung musste Israel mehr als andere Nationen durch einen Brennofen des Leidens gehen. In dem Film „Der Fiedler auf dem Dach" denkt der einfache Jude Tevye über seine persönlichen Prüfungen angesichts der Tatsache nach, dass die Juden das von Gott auserwählte Volk sind. Schließlich wendet er sich in seiner Verzweiflung an Gott: „Kannst du nicht auch einmal einen anderen erwählen?"

Im Römerbrief vergleicht Paulus Israel mit einem kultivierten Olivenbaum im Vergleich zu allen anderen Völkern, die er mit wilden Olivenbäumen vergleicht.

Denn wenn du aus dem von Natur wilden Ölbaum herausgeschnitten und gegen die Natur in den edlen Ölbaum eingepfropft worden bist, wie viel mehr werden diese, die natürlichen Zweige, in ihren eigenen Ölbaum eingepfropft werden! Römer 11:24

Ein kultivierter Olivenbaum erhält Dünger und zusätzliche Nährstoffe, aber er wird auch beschnitten, damit er mehr Früchte trägt.

Sie sind Israeliten, denen die Kindschaft gehört und die Herrlichkeit und die Bundesschlüsse und das Gesetz und der Gottesdienst und die Verheißungen ... Römer 9:4 (LU)

Aber sie mussten auch mehr Leid und Verfolgung ertragen als jedes andere Volk – und das alles, um jenes Werkzeug zu sein, mit dem Gott die ganze Welt mit „Leben aus den Toten" (Römer 11:15) segnet, wenn das Reich Israel wiederhergestellt wird (Apostelgeschichte 1:6).

Nach der Verheißung Jesajas, das jüdische Volk werde Priester des Herrn genannt werden, heißt es weiter:

Weil ihre Schande doppelt war und sie Schmach besaßen als ihr Erbteil, darum werden sie in ihrem Land das Doppelte besitzen; ewige Freude wird ihnen zuteil. Denn ich, der HERR, liebe das Recht, ich hasse den Raub mitsamt dem Unrecht. Und ich werde

ihnen ihren Lohn in Treue geben und einen ewigen Bund mit ihnen schließen. Und ihre Nachkommen werden bekannt werden unter den Nationen und ihre Sprösslinge inmitten der Völker. Alle, die sie sehen, werden erkennen, dass sie Nachkommen sind, die der HERR gesegnet hat. Jesaja 61:7-9

Gott kann niemanden erhöhen, der nicht zuvor im Schmelzofen des Leidens geprüft wurde. Wir lesen von den Leiden und Entbehrungen, die König David durchmachen musste, bevor Gott ihn auf den Thron über Israel setzen konnte. Ähnliches steht über Jesus geschrieben:

Denn es entsprach ihm, um dessentwillen alle Dinge und durch den alle Dinge sind, indem er viele Söhne zur Herrlichkeit führte, den Urheber ihrer Rettung durch Leiden vollkommen zu machen.

... und lernte, obwohl er Sohn war, an dem, was er litt, den Gehorsam; und vollendet ist er allen, die ihm gehorchen, der Urheber ewigen Heils geworden ... Hebräer 2:10; 5:8-9

Alle Psalmen, die David über seine Nöte und Leiden schrieb, sind nicht nur messianische Prophezeiungen, sondern gelten auch für Israel.

Der Antisemitismus, das Leid und die Verfolgung, die das jüdische Volk während seiner zweitausendjährigen *Via Dolorosa* erdulden musste, stellt an sich schon ein Beweis dafür dar, dass es Gottes auserwähltes Volk ist. Erwählung, Leiden und Erhöhung gehören zusammen.

Es gibt nichts Neues unter der Sonne. Während des Passahfestes werden die Juden seit Jahrhunderten beschuldigt, ungesäuertes Matzebrot zu backen und zu essen, das angeblich aus dem Blut christlicher Kinder hergestellt wurde – und das, obwohl es doch allen Juden strengstens verboten ist, Blut zu konsumieren. Im Mittelalter wurden sie des Schwarzen Todes beschuldigt. Daher ist es nicht verwunderlich, dass der jüdische Staat jetzt des Völkermordes im Gazastreifen bezichtigt wird. Israel versucht, seine Bevölkerung gegen eine unmenschlich grausame Terrororganisation zu verteidigen, welche Zivilisten als menschliche Schutzschilde einsetzt, während Israel alles Mögliche unternimmt – weit mehr als das Militär jedes anderen Landes –, um zivile Opfer zu vermeiden. Der Antizionismus ist die heutige Form des ewigen Antisemitismus.

4
Zwei weitverbreitete Lügen über die Juden

> Der Teufel war ein Menschenmörder von Anfang an und stand nicht in der Wahrheit, weil keine Wahrheit in ihm ist. Wenn er die Lüge redet, so redet er aus seinem Eigenen, denn er ist ein Lügner und der Vater derselben.
>
> Nach Johannes 8:44

DIE PROTOKOLLE DER WEISEN VON ZION

Eine „Operation unter falscher Flagge" ist eine geheime, verdeckte Aktion. Sie wird mit dem Ziel durchgeführt, die Öffentlichkeit zu täuschen, damit diese glaubt, die Aktion sei von jemand anderem durchgeführt worden. Damit will man einem anderen die Schuld für die eigenen Taten geben.

Das wahrscheinlich erfolgreichste Beispiel für eine Operation unter falscher Flagge – zumindest in der modernen Geschichte – ist ein gefälschtes Dokument, das unter vielen verschiedenen Namen bekannt ist, aber in der Regel als *Die Protokolle der Weisen von Zion* oder *Die Protokolle* bezeichnet wird. Diese fiktive Hasstirade gegen das jüdische Volk wurde erstmals vollständig 1905 in dem mit „The Large in The Small" betitelten Buch veröffentlicht. Es wurde von einem russischen Fanatiker und religiösen Okkultisten namens Sergei Nilus geschrieben. Es verbreitete sich weltweit und wurde in alle wichtigen Sprachen der Welt übersetzt. Bevor Nilus diese in sein Buch aufnahm, waren nur Teile des falschen Dokuments in verschiedenen Zeitungen und Flugblättern im zaristischen Russland verbreitet worden, aber niemals in seiner Gesamtheit.

Bei dem Inhalt handelt es sich angeblich um Notizen von Geheimtreffen einer globalen jüdischen Machtelite, die den Einfluss des Christentums brechen und Schritt für Schritt die Macht über die ganze Welt übernehmen wolle. Das Dokument wurde ursprünglich von der russischen Geheimpolizei, der Ochrana, mit dem Ziel erstellt, die Juden für den Zerfall des zaristischen Russlands verantwortlich zu machen und zu Pogromen gegen sie aufzurufen. In Russland hatte die Schrift jedoch nur begrenzte Wirkung, da die Juden in Russland zu jener Zeit sehr arm waren. Dem einfachen Volk fiel es daher schwer zu glauben, Juden könnten hinter einem Plan zur Eroberung der Welt stehen. Außerdem waren die Russen an die Methoden der Geheimpolizei zur Herstellung von Fälschungen gewöhnt, so schenkten nicht viele Menschen den *Protokollen* Glauben.

Das Dokument verbreitete sich jedoch schnell in andere Teile der Welt. Es wurde in antisemitischen Kreisen, vor allem in Europa, wie zu einer brennenden Fackel in einem Pulverfass. In Deutschland führte es schon 1922 zur Ermordung des jüdischen Außenministers der Weimarer Republik, Walter Rathenau. Die Mörder begingen Selbstmord, aber deren Fahrer, Ernst Techow, verteidigte sich im anschließenden Prozess mit dem Verweis auf den Inhalt *Der Protokolle* und behauptete, er habe eine gute Tat vollbracht, als er half, den Juden Rathenau zu töten.

Ein anderer Deutscher, der die Schrift in die Hände bekam, war ein junger Mann aus Österreich namens Adolf Hitler. Er bezog sich in seinem Buch *Mein Kampf* auf dieses Dokument. *Die Protokolle* bildeten die Grundlage für den Judenhass Hitlers und der Nazis und so das Hauptmotiv für die Ausrottung von über sechs Millionen Juden in Europa. Hitler sorgte unter anderem dafür, dass dieses hasserfüllte Buch kostenlos an alle Schulkinder in Deutschland verteilt wurde.

Die Protokolle fielen auch schnell in die Hände der muslimischen Islamisten im Nahen Osten, gerade als die großen jüdischen Rückkehrwellen nach Palästina begannen. Sowohl *Mein Kampf* als auch die *Protokolle der Weisen von Zion* sind seit fast hundert Jahren Bestseller in der arabischen Welt. Die Hamas bezieht sich in ihrer Charta auf *Die Protokolle*. Diese vergiftete Abhandlung aus dem Abgrund – zusammen mit dem alten muslimischen *Hadith*, alle Juden zu töten, die sich hinter Felsen und Bäumen verstecken – ist die Hauptmotivation für das Manifest der Hamas, Israel zu vernichten und alle Juden weltweit auszurotten. Wie Ernst Techow, der sich an der Ermordung des Juden Rathenau beteiligte, sehen die Hamas und Millionen von Muslimen weltweit die Vernichtung aller Juden als einen Gewinn für die Menschheit an und begründen dies mit *Den Protokollen der Weisen von Zion*. So heißt es in der Einleitung der Hamas-Charta: „Unser Kampf gegen die Juden ist sehr ehrenhaft und sehr ernst. Er erfordert alle aufrichtigen Bemühungen."

Eine weitere Person, welche ihre Aufmerksamkeit auf *Die Protokolle* lenkte und die Fälschung unter dem Titel „The International Jew" so weit wie möglich in der Welt verbreitete, war der Industriemagnat Henry Ford. Deshalb wurde er schließlich in den Vereinigten Staaten wegen Verleumdung vor Gericht gestellt. Bevor es jedoch zu einem Urteil kam, einigten sich die Parteien auf einen Vergleich, in dem sich Henry Ford verpflichtete, alle Rechte zur Übersetzung und Verbreitung der Fälschung in anderen Ländern zurückzuziehen, alle noch in seinem Besitz befindlichen Exemplare zu vernichten und den Juden, die ihn verklagt hatten, Schadensersatz in unbekannter Höhe zu zahlen. Das hinderte das Buch jedoch nicht daran, sich weiter zu verbreiten, sowohl in den USA als auch darüber hinaus. Ganz im Gegenteil! Diejenigen, welche die Schrift übersetzten und druckten, kümmerten sich nicht darum, dass Henry Ford die Rechte daran zurückgezogen hatte, und Ford selbst unternahm keine Anstrengungen, sie daran zu hindern. Es ist erwähnenswert, dass Henry Fords Heimatstadt Dearborn, Michigan, seit vielen Jahren die wichtigste Hochburg der Muslimbruderschaft bei ihrem Streben nach Macht und Einfluss in den Vereinigten Staaten ist.

FEHLENDE LOGIK

Trotz gegenteiliger Beweise glaubten und glauben Henry Ford, die Hamas und so viele andere an den Inhalt *Der Protokolle*, die behaupten, es gäbe wirklich eine globale jüdische Elite, die daran arbeite, die Welt zu übernehmen. Sie alle verteidigen sich mit den Worten: „Es genügt, die Entwicklungen in der Welt zu betrachten, um zu erkennen, dass sie genau dem entsprechen, was in *Den Protokollen der Weisen von Zion* steht. Es sind also keine weiteren Beweise erforderlich. Die Realität bestätigt doch die Wahrhaftigkeit des Inhalts."

Deshalb bezeichne ich *Die Protokolle* als die historisch erfolgreichste Operation unter falscher Flagge. Obwohl der Inhalt vielfach mit den Entwicklungen in der Welt übereinstimmt, beweist dies nicht automatisch, dass das jüdische Volk dahintersteckt. In den letzten Jahren ist immer mehr Menschen klar geworden, es gibt tatsächlich eine Finanzelite, die nach der Weltherrschaft strebt. Das Weltwirtschaftsforum spricht beispielsweise ganz offen darüber. Die Ressourcen der Welt konzentrieren sich heute zunehmend in den Händen einiger weniger Megamilliardäre, von denen manche mehr Ressourcen verwalten als ganze Länder. Die Art und Weise, wie sie agieren, hat große Ähnlichkeit mit den Aussagen in *Den Protokollen*.

Ebenso stimmt, dass einige dieser Megamilliardäre Juden sind. Aber da enden die Gemeinsamkeiten auch schon. Nicht alle diese Milliardäre sind Juden. Und ihre Agenda hat definitiv nichts mit Zion, Zionismus oder Judentum zu tun. Die Milliardäre, die hinter dem Weltwirtschaftsforum stehen, sind weder Zionisten noch religiöse Juden, obwohl einige von ihnen ethnische Juden sind. Aber bei weitem nicht alle von ihnen sind Juden. Allein diese Tatsache zeigt, dass es sich bei *Den Protokollen* um eine Operation unter falscher Flagge handelt. Denn trotz der Tatsachen wird das jüdische Volk für etwas verantwortlich gemacht, an dem es unschuldig ist. Genau dies hat Hitler getan, und genauso verfahren heute die Hamas und viele andere.

Dass diese Operation unter falscher Flagge trotz der für viele Menschen offensichtlichen Tatsachen so täuschen konnte, lässt sich genauso erklären und hat dieselben Gründe wie der langlebige Antisemitismus in der Welt. Das jüdische Volk unterscheidet sich von allen anderen Völkern. Da es auch zahlenmäßig kleiner ist als fast alle anderen Völker, war es leicht, die Juden zu Sündenböcken zu machen. Dass die Juden in den meisten Bereichen, in denen sie sich engagiert haben, erfolgreich waren, hat den Hass nur noch verstärkt. Deshalb wurden sie im Laufe der Geschichte für praktisch alles Elend in der Welt verantwortlich gemacht, vom Schwarzen Tod bis zu vielen Kriegen.

Darüber hinaus ist das jüdische Volk auch noch von Gott dazu berufen, die ganze Welt von Jerusalem aus zu segnen, wenn der Messias kommt und das Königreich Israel wiederhergestellt ist. Satan hasst diese Berufung. Deshalb hat er durch *Die Protokolle* mit all seiner Gerissenheit und Schlauheit sein Möglichstes getan, um eine lügnerische, verzerrte Version der Berufung des jüdischen Volkes zu produzieren. So versucht er, den Neid und den Zorn der Welt gegen sie zu erregen, um Gottes Plan möglichst scheitern zu lassen.

DIE BLOSSSTELLUNG DER PROTOKOLLE

Im Jahr 1935 wurden in einem Prozess im schweizerischen Bern die wahren Ursprünge der *Protokolle der Weisen von Zion* aufgedeckt. Der Schweizerische Israelitische Gemeindebund stellte die Schweizerische Nazipartei wegen Verbreitung *Der Protokolle* vor Gericht und beschuldigte sie, „obszöne Literatur" zu verbreiten, was in der Schweiz damals verboten war.[35] In dem Prozess ging es um folgende Fragen:

1. Sind *Die Protokolle der Weisen von Zion* eine Fälschung?
2. Wurden sie plagiiert?
3. Wenn ja, von welcher Quelle?
4. Können *Die Protokolle* als obszöne Literatur eingestuft werden?

Rechtsanwalt Georges Brunschvig trat während des Prozesses als Ankläger für die jüdische Föderation auf und konnte Folgendes nachweisen: Das Dokument wurde ursprünglich in den Jahren 1896-1900 von einem Mann namens Matwei Golowinski auf Französisch verfasst. Dies geschah im Auftrag von Piotr Raczkowski, dem Hauptagenten der russischen Ochrana in Paris. Das Dokument wurde dann in St. Petersburg ins Russische übersetzt, von wo aus es später in der ganzen Welt verbreitet wurde.

Catherine Radzivill und Henriette Hurblut, zwei russische Adelige in Paris sagten unabhängig voneinander vor Gericht aus, Golowinski habe ihnen das handgeschriebene Original in Paris gezeigt und sie über den Zweck des Dokuments informiert. Ein Mann namens Armand Alexandre du Chayla sah das Original später ebenfalls in Russland. Alle drei bestätigten das Aussehen

---

35 Vgl. Hadassa Ben-Itto, *The Lie that Wouldn't Die* (Portland, Oregon: Vallentine-Mitchell, 2005).

des handschriftlichen Dokuments, das unter anderem einen großen blauen Tintenfleck auf der Vorderseite aufwies.

Die zaristische Geheimpolizei in Paris hatte zwei Quellen für die Abfassung *Der Protokolle* genutzt:

Quelle A: Die erste war ein Auszug aus einem Roman, einem antisemitischen Pamphlet mit dem Titel: *Auf dem jüdischen Friedhof in Prag*. Das Pamphlet war ursprünglich ein gleichnamiges Kapitel eines historischen politischen Romans namens Biarritz. Es wurde 1868 von dem Deutschen Hermann Goedsche unter dem Pseudonym Sir John Ratcliffe veröffentlicht. Goedsche war aus dem deutschen Staatsdienst entlassen worden, nachdem er mit Hilfe eines gefälschten Dokuments die demokratische Führung Deutschlands verleumden wollte. Daraufhin versuchte sich Goedsche als Schriftsteller.

Der Roman *Auf dem jüdischen Friedhof in Prag* erzählt folgende Geschichte: Vertreter der zwölf Stämme Israels versammeln sich einmal im Jahrhundert um das Grab eines Rabbiners in Prag, um den Sieg des Judentums über das Christentum und die ganze Welt zu planen. Bei diesen Zusammenkünften berichten sie auch über die Erfolge, die sie im vergangenen Jahrhundert erzielt haben. Sie alle schwören einen Eid auf ein goldenes Kalb, das von Feuer umgeben ist und aus dem Grab des Rabbiners aufsteigt. Satan selbst spricht dann aus dem Grab zu ihnen.

Das Pamphlet wurde in Russland verbreitet, um zu Pogromen gegen die Juden aufzuhetzen. In Frankreich wurde das Pamphlet unter dem Titel *Die Rede des Rabbiners* veröffentlicht. Nun behauptete Goedsche, alias Ratcliffe, seine Fantasie beruhe auf Tatsachen. Dieses antisemitische Pamphlet brachte den Chef der russischen Geheimpolizei in Paris, Raczkowski, auf die Idee, eine umfangreichere Veröffentlichung gegen die Juden zu verfassen, die er *Die Protokolle der Weisen von Zion* nannte.

Quelle B: Die zweite Quelle für *Die Protokolle* war ein französisches Buch aus den 1860er Jahren, *Der Dialog in der Hölle*, geschrieben in Paris von dem Freimaurer Maurice Joly. Fast zwei Drittel aus *Die Protokolle* sind direkte Zitate aus Jolys Buch. *Der Dialog in der Hölle* beschreibt ein Gespräch in der Hölle zwischen Montesquieu und Machiavelli über den besten Weg für eine Minderheit, die Kontrolle über eine Gesellschaft durch Terror, Lügen und Bestechung zu übernehmen. Das Buch war 1865 in Frankreich nach einem Prozess gegen Joly verboten und beschlagnahmt worden. Ein Exemplar wurde jedoch in der Nationalbibliothek in Paris aufbewahrt, wo es von Raczkowskis Assistenten Golowinski von Hand kopiert wurde. Bestimmte Abschnitte in Jolys Buch waren mit Bleistift markiert worden. Sie erwiesen sich als identisch mit den Abschnitten, die kopiert und in *Die Protokolle* verwendet wurden. Philip Graves, Korrespondent der *Times* in Istanbul, war der erste, der dieses bereits 1921 als Plagiat entlarvte. Man hatte eine Kopie entdeckt, die 1864 in Genf veröffentlicht worden war. *Der Dialog in der Hölle* von Maurice Jolys bestand aus 25 Kapiteln. *Die Protokolle* haben 24 Kapitel. **Es ist dabei von entscheidender Bedeutung, dass Jolys Buch nichts mit den Juden zu tun hatte.** *Der Dialog in der Hölle* aber wurde von Raczkowski und Golowinski weitgehend kopiert, um es gegen die Juden zu verwenden.

Die Protokolle wurden nicht zufällig in Paris verfasst, denn in Frankreich herrschte zu dieser Zeit ein extrem weit verbreiteter Antisemitismus, wofür die berüchtigte Dreyfus-Affäre beispielhaft ist. Alfred Dreyfus war jüdischer Offizier in der französischen Armee, der fälschlicherweise des Hochverrats beschuldigt und 1894 zu lebenslanger Haft auf der Teufelsinsel verurteilt wurde. Er wurde nach fünf Jahren freigelassen und 1906 vollständig entlastet.

Die Protokolle der Weisen von Zion entstanden aus einer Kombination französischer Ideen und russischer Taktiken, in einem Umfeld, das von tief verwurzeltem Antisemitismus,

Intrigen, Fälschungen, Okkultismus und Freimaurerei geprägt war.

Walter Meyer, der christliche Richter im Berner Prozess, stellte in seinem Schlussurteil fest, *Die Protokolle der Weisen von Zion* seien zweifelsfrei eine Fälschung und weitgehend ein Plagiat des Buches von Maurice Joly. Er sprach jedoch die Vertreter der Schweizerischen Nationalsozialistischen Partei frei, weil er es nicht für gerechtfertigt hielt, den Inhalt des Dokuments als „obszöne Literatur" einzustufen.

Die Protokolle der Weisen von Zion sind eindeutig eine Fälschung. Darüber hinaus wurde der Großteil aus einem französischen Buch plagiiert, das nichts mit dem jüdischen Volk zu tun hat. Trotz des Urteils im Berner Prozess hat sich diese Fälschung weiter in der Welt verbreitet. Das Ergebnis ist für das jüdische Volk verheerend und tödlich, vor allem durch den Holocaust und den heutigen islamistischen Terror gegen Juden in der ganzen Welt. Genau wie Henry Ford verweisen die Verteidiger des Dokuments darauf, das Studium der weltweiten Entwicklungen des letzten Jahrhunderts reiche aus. Sobald sich dies mit einer bereits vorgefassten, antisemitischen Haltung verbindet, ist für sie die Sache erledigt.

Die Ähnlichkeiten der weltweiten Entwicklungen mit dem in *Den Protokollen* dargelegten Plan zur Weltherrschaft deutet darauf hin, dass es andere Akteure (einschließlich geistlicher Fürstentümer und Mächte) gibt, die diese Prinzipien erfolgreich angewandt haben. Und es ist ihnen gelungen, die Juden dafür verantwortlich zu machen. *Die Protokolle der Weisen von Zion* stellen somit die erfolgreichste und verheerendste Operation unter falscher Flagge in der Geschichte dar, die Millionen von unschuldigen Juden das Leben gekostet hat. Diese eklatante Fälschung ist eine raffiniert kalkulierte, teuflische Lüge aus der Hölle, die immer noch nicht sterben will. Es gibt erstaunlich Viele – selbst unter hochgebildeten und intellektuellen

Menschen –, die sich für kritische Denker halten und doch heute fest dieser Lüge über das jüdische Volk glauben.

„CHASARISCHE JUDEN"

Eine weitere, seit langem bestehende Lüge über das jüdische Volk ist in den letzten Jahrzehnten immer populärer geworden. Es wird behauptet, die aschkenasischen Juden in Europa und Amerika seien keine echten Juden. Vielmehr würden sie von den Chasaren abstammen, einer türkischen Volksgruppe, die im letzten Jahrtausend die Kaukasusregion nördlich des Schwarzen und des Kaspischen Meeres bevölkerte. Nach dieser Theorie konvertierten die Chasaren im neunten Jahrhundert zum Judentum und bilden heute die aschkenasischen Juden.

Diese falsche Theorie wird unter Antisemiten und Antizionisten immer beliebter, um den aschkenasischen Juden ihre Verbindung zum Land Israel zu rauben.

Nach dieser Theorie hätten die aschkenasischen Juden Europas kein Recht, Israel als ihr ursprüngliches Heimatland zu beanspruchen. Sie seien keine echten Juden, sondern stellten eine fremde Volksgruppe mit einer falschen Identität dar, die kein Recht habe, sich in Israel niederzulassen. Stattdessen hätten die „Palästinenser" eine weitaus engere Verbindung und ein Recht auf das Land Israel. Auf dieser Grundlage behaupten manche sogar, Hitler habe das „falsche Volk" ermordet. Er habe in Wirklichkeit in Europa keine Juden ausgerottet, sondern „Chasaren".

Mehrere biblische und wissenschaftliche Fakten jedoch widerlegen diesen Mythos über die aschkenasischen Juden.

Wer die Chasaren-Theorie als Argument gegen Israel anführt, ignoriert die Tatsache, dass mehr als die Hälfte der heutigen Juden in Israel keine aschkenasischen Juden sind. Die Mehrheit sind Mizrachim, d.h. dunkelhäutige Juden aus dem

Nahen Osten, die nach 1948 aus muslimischen Ländern fliehen mussten. Diese offensichtliche Wahrheit fehlt oft in antizionistischen Theorien.

Zweitens geht aus der Bibel das Versprechen Gottes klar hervor, das jüdische Volk als Sein besonderes Volk zu erhalten.

> **Hört das Wort des HERRN, ihr Nationen, und meldet es auf den fernen Inseln und sagt: Der Israel zerstreut hat, wird es wieder sammeln und wird es hüten wie ein Hirte seine Herde!** Jeremia 31:10

Das jüdische Volk hat sich nicht aufgelöst, ist nicht verschwunden und wurde auch nicht durch ein anderes Volk ersetzt. Gott hat versprochen, das jüdische Volk zu bewahren, so wie ein Hirte über seine Herde wacht. Hier folgt ein weiteres biblisches Versprechen dazu:

> **So spricht der HERR, der die Sonne gesetzt hat zum Licht für den Tag, die Ordnungen des Mondes und der Sterne zum Licht für die Nacht, der das Meer erregt, dass seine Wogen brausen, HERR der Heerscharen ist sein Name: Wenn diese Ordnungen vor meinem Angesicht weichen, spricht der HERR, dann soll auch die Nachkommenschaft Israels aufhören, eine Nation zu sein vor meinem Angesicht alle Tage. So spricht der HERR: Wenn der Himmel oben gemessen werden kann und die Grundfesten der Erde unten erforscht werden können, dann will ich auch die ganze Nachkommenschaft Israels verwerfen wegen all dessen, was sie getan haben, spricht der HERR.** Jeremia 31:35-37

Manche glauben, es gäbe historische Beweise für die Konvertierung der führenden Dynastie der Chasaren zum Judentum im neunten Jahrhundert. Dies ist nicht unmöglich, obwohl die Mehrheit der Chasaren zum Islam konvertierte. Solche Konvertierungen zum Judentum haben im Laufe der Geschichte immer wieder stattgefunden. Im Buch Ester heißt es zum Beispiel, dass viele Menschen zum Judentum konvertierten.

Und viele aus den Völkern des Landes wurden Juden, denn Furcht vor den Juden war auf sie gefallen. Ester 8:17

Auch heute noch ist die Moabiterin Rut – die Teil der Genealogie Jesu ist und zu Noomi sagte: „Dein Volk ist mein Volk, und dein Gott ist mein Gott" – das Vorbild für die Bekehrung von Nichtjuden zu Juden.

Die Abstammung *aller* heutigen aschkenasischen Juden von den Chasaren ist nur ein Mythos. Dies wird nicht durch seriöse wissenschaftliche Forschung gestützt. Dr. Alexander Beider ist einer der vielen, die dies klargestellt haben:

„Die Theorie erhielt in jüngster Zeit Auftrieb durch die Veröffentlichung des Buches *Der dreizehnte Stamm* von Arthur Koestler aus dem Jahr 1976. In jüngster Zeit wurde die chasarische Hypothese von Autoren wie dem Geschichtsprofessor Shlomo Sand und dem Professor der Linguistik Paul Wexler von der Universität Tel Aviv sowie dem Genetiker Eran Elhaik vertreten. Trotz dieser institutionellen Unterstützung ist die Theorie absolut unbelegt. Es gibt keine direkten historiographischen Daten, welche die Juden, die im 14. Jahrhundert in Osteuropa lebten, mit ihren Glaubensgenossen aus Chasarien im 10. Jahrhundert verbindet."[36]

Dr. Beider stellt weiterhin heraus: „Über den historischen und linguistischen Bereich hinaus, kann uns eine dritte Disziplin

---

36 Alexander Beider, "Ashkenazi Jews Are Not Khazars. Here's The Proof," *Forward* (25.09.2017), https://forward.com/opinion/382967/ashkenazi-jews-arenot-khazars-heres-the-proof [22.12.2023]. Vgl. Prof. Shaul Stampfer, "New study finds no evidence that Ashkenazi Jews are the descendants of Khazars, or that subjects in the medieval kingdom converted to Judaism en masse." ("Jews Are Not Descended From Khazars, Hebrew University Historian Says," *Haaretz*, 26.06.2014, https://www.haaretz.com/jewish/2014-06-26/ty-article/khazarmyth-busted/0000017f-db86-df62-a9ff-dfd788d80000 [22.12.2023]).

dabei helfen, die chasarische Hypothese zu beerdigen: es handelt sich dabei um die Onomastik oder das Studium über die Herkunft, Struktur und Entwicklung von Eigennamen". Er sagt mit Bestimmtheit: „Der Kern der Eigennamen und Vornamen, die Juden in Osteuropa in den letzten sechs Jahrhunderten trugen, als auch die Jiddische Sprache insgesamt enthalten keine Verbindung zu Chasarien."[37]

Der Bibelwissenschaftler und Theologe Dr. Michael Brown hat es so formuliert:

> „Aschkenasische Juden lassen sich letztlich auf eine kleinere Anzahl von Familien zurückführen, die direkt auf die Kinder Israels zurückgehen. Sie begannen sich im Exil zu vermischen, als sie bestimmte Teile Europas erreichten. Andere heirateten ein. Mit anderen Worten, sie schlossen sich dem jüdischen Volk an, wie es bei Rut und Rahab im Laufe der Geschichte geschah. Weil sie einheirateten, sehen wir diese Vielfalt und gibt es Juden mit allen möglichen Hautfarben ...
> Letztendlich aber lässt sich dieses [aschkenasische Erbe] durch die DNA zurückverfolgen; es lässt sich sprachlich zurückverfolgen; es lässt sich historisch zurückverfolgen; es lässt sich archäologisch zurückverfolgen; es lässt sich auf jede erdenkliche Weise zurückverfolgen. Als aschkenasische Juden können wir sagen, dass unsere Wurzeln bis zu Abraham, Isaak und Jakob zurückreichen – den Kindern Israels im Land [Israel]."[38]

Aus historischen, genetischen, linguistischen und onomastischen Gründen können wir also den Mythos der sogenannten „Chasaren-Juden" zurückweisen, welchen Antisemiten und Antizionisten gerne aufstellen, um Juden zu verleumden. Eine von vielen, die sich heute dieser Verleumdung bedienen, ist die

---

37 Ebd.
38 Michael L. Brown, „Debunking the Khazar Myth," *ASKDrBrown* (02.05. 2020), *https://www.youtube.com/watch?v=kdN0BaoT5Y0* [22.12.2023].

offen antisemitische, palästinensisch-amerikanische Kongressabgeordnete Rashida Tlaib.

Ein weiteres typisches Beispiel ist David Anderson. Er ist einer der Täter, die 2019 drei Menschen in einem jüdisch koscheren Laden in Jersey City ermordet haben. Im Jahr 2015 schrieb er auf Facebook: „Brooklyn ist voll von Nazi-Ashke-Nazis (Chasaren)".

Lügen über Juden beginnen immer mit Worten, enden aber oft, wie in diesem Fall, mit Mord und Blutvergießen.

5

Der Krieg um die Wahrheit

Und ich sah den Himmel geöffnet, und siehe, ein weißes Pferd, und der darauf saß, heißt Treu und Wahrhaftig, und er richtet und führt Krieg in Gerechtigkeit. ... und er ist bekleidet mit einem in Blut getauchten Gewand, und sein Name heißt: Das Wort Gottes.

Offenbarung 19:11, 13

In der Endzeit wird Satan alles in seiner Macht Stehende tun, um Israel zu verleumden und anzuklagen. Damit versucht er, das Volk Gottes auszulöschen. Er beabsichtigt, die ganze Welt gegen Israel aufzubringen, weil dieses Volk die Verheißungen des Heils für die ganze Welt erhalten hat. Der letzte Kampf um Israel und Jerusalem wird in der Schlacht von Harmagedon gipfeln und ist in erster Linie ein geistlicher Kampf um die Wahrheit. Der Feind wird versuchen, Israel auszulöschen, und heißt „der Vater der Lüge" (Johannes 8:44). Er ist „der große Drache ... die alte Schlange, die Teufel und Satan heißt, der Verführer der ganzen Welt" (Offenbarung 12:9). Satan bedeutet wörtlich „Ankläger" oder „Widersacher", wobei das Wort „Teufel" wörtlich „Verleumder" heißt. Satan ist darauf aus, Israel anzuklagen und zu verleumden. Er wird auch „ein Mörder von Anfang an" (Johannes 8:44) genannt, weil Mord und Tod von Anfang an das Ziel seiner Lügen waren.

Der Antichrist wird den Kampf gegen Israel physisch anführen. Er wird von Johannes „der Lügner" genannt (1. Johannes 2:22) und Daniel prophezeit über ihn:

So trat es die Wahrheit mit Füßen, und was immer es unternahm, gelang ihm. Daniel 8:12 (Hoffnung für Alle)

Der Gegenspieler des Antichristen, der Messias ist „die Wahrheit" (Johannes 14:6). Das bei Seinem Wiederkommen aus dem Mund des Messias hervorgehende Schwert wird die ganze Welt richten und ist das Wort Gottes und damit die Wahrheit.

Und ich sah den Himmel geöffnet, und siehe, ein weißes Pferd, und der darauf saß, heißt Treu und Wahrhaftig, und er richtet und führt Krieg in Gerechtigkeit. Seine Augen aber sind eine Feuerflamme, und auf seinem Haupt sind viele Diademe, und er trägt einen Namen geschrieben, den niemand kennt als nur er selbst; und er ist bekleidet mit einem in Blut getauchten Gewand, und sein Name heißt: Das Wort Gottes. Und die Truppen, die im Himmel sind, folgten ihm auf weißen Pferden, bekleidet mit weißer, reiner Leinwand. Und aus seinem Mund geht ein scharfes Schwert hervor, damit er mit ihm die Nationen schlägt; und er wird sie hüten mit eisernem Stab, und er tritt die Kelter des Weines des Grimmes des Zornes Gottes, des Allmächtigen. Und er trägt auf seinem Gewand und an seiner Hüfte einen Namen geschrieben: König der Könige und Herr der Herren. Offenbarung 19:11-16

Jesus betete zum Vater für alle Seine Jünger:

Heilige sie durch die Wahrheit! Dein Wort ist Wahrheit.
Johannes 17:17

Der Kampf zwischen dem Messias und dem Antichristen, zwischen der Wahrheit und dem Lügner, wird auch in Psalm 45 beschrieben:

> Gürte dein Schwert um die Hüfte, du Held; deine Majestät und deine Pracht! Und deine Pracht – sei stark, zieh aus für die Sache der Wahrheit und der Sanftmut und der Gerechtigkeit; da lehre dich furchtbare Taten deine Rechte. Psalm 45:4-5

Der Feind, den wir bekämpfen, ist also:

1. Der Vater der Lügen (Johannes 8:44a)
2. Der Betrüger (Offenbarung 12:9)
3. Der Ankläger und Verleumder (Offenbarung 12:10)
4. Der Widersacher (1. Petrus 5:8)
5. Der Mörder (Johannes 8:44)
6. Der Antichrist, auch genannt „der Lügner" (1. Johannes 2:22)

In der Offenbarung können wir weiter über die letzte Schlacht gegen Israel lesen.

> Und die zehn Hörner, die du gesehen hast, sind zehn Könige, die noch kein Königreich empfangen haben, aber mit dem Tier eine Stunde Macht wie Könige empfangen. Diese haben einen Sinn und geben ihre Kraft und Macht dem Tier. Diese werden mit dem Lamm Krieg führen, und **das Lamm wird sie überwinden**; denn es ist Herr der Herren und König der Könige, **und die mit ihm sind, sind Berufene und Auserwählte und Treue**. Offenbarung 17:12-14

Hier erkennen wir, die **Berufenen, Auserwählten und Gläubigen** sind zusammen mit dem Messias in den letzten Kampf für die Wahrheit gegen die Lüge eingetreten. In Kapitel 19 heißt es: „Die himmlischen Heerscharen folgten ihm auf weißen Pferden, und sie waren mit weißer, reiner Leinwand bekleidet." Diejenigen, die über das Tier, den Antichristen, gesiegt haben, werden mit dem Messias sein, wenn Er kommt, um diesen zu vernichten!

> ... und dann wird der Frevler offenbart werden. Ihn wird der Herr Jesus töten mit dem Hauch seines Mundes und wird ihm ein Ende machen durch seine Erscheinung, wenn er kommt.
>
> 2. Thessalonicher 2:8 (LU)

Halleluja!

DER KAMPF UM DAS LAND ISRAEL

Die Bibel ist sehr eindeutig in Bezug auf Judäa und Samaria, das Gebiet, das die Weltmedien als Westjordanland bezeichnen und das die „Palästinenser" für ihren Staat fordern. In Hesekiel 36 wird das Gebiet die „Berge Israels" genannt. Gott selbst sagt über dieses Gebiet, es ist „mein Land".

> ... darum, so spricht der Herr, HERR: Wahrlich, im Feuer meines Eifers habe ich gegen den Rest der Nationen geredet und gegen Edom insgesamt, die sich mein Land zum Besitz gemacht haben mit der ganzen Schadenfreude des Herzens, mit Verachtung der Seele, um sein Weideland zur Plünderung zu haben! Darum weissage über das Land Israel und sage zu den Bergen und zu den Hügeln, zu den Bachrinnen und zu den Tälern: So spricht der Herr, HERR: Siehe, in meinem Eifer und in meinem Grimm habe ich geredet, weil ihr die Schmach der Nationen getragen habt. Darum, so spricht der Herr, HERR: Ich, ich habe meine Hand zum Schwur erhoben: Wenn die Nationen, die rings um euch her sind, ihre Schmach nicht selbst tragen! Ihr aber, Berge Israels, ihr werdet für mein Volk Israel eure Zweige treiben und eure Frucht tragen, denn sie sind nahe daran zu kommen.
>
> Hesekiel 36,5-8

Die „Schlacht am großen Tag Gottes, des Allmächtigen", wird die Schlacht zur Vernichtung Israels sein.

Siehe, ich komme wie ein Dieb. Glückselig, der wacht und seine Kleider bewahrt, damit er nicht nackt umhergeht und man nicht seine Schande sieht! Offenbarung 16:15

Wir müssen wach sein und wissen, was heute geschieht, damit wir nicht überrascht werden, sondern für die Wiederkunft Jesu bereit sind.

Und ich sah aus dem Mund des Drachen und aus dem Mund des Tieres und aus dem Mund des falschen Propheten drei unreine Geister kommen, wie Frösche; denn es sind Geister von Dämonen, die Zeichen tun, die ausziehen zu den Königen des ganzen Erdkreises, sie zu versammeln zu dem Krieg des großen Tages Gottes, des Allmächtigen. Offenbarung 16:13-14

Die drei bösen Geister, die mit Fröschen verglichen werden und welche die Führer der Erde dazu verführen, sich gegen Israel zu wenden, sind:

1. **Der Antisemitismus**, d.h. „Vorurteile oder Hass gegen das jüdische Volk und/oder jüdische Dinge". Dieser Geist kommt aus dem Mund des Drachens, von Satan selbst. Satan hat das jüdische Volk und alles, was jüdisch ist, immer gehasst, denn „das Heil kommt von den Juden" (Johannes 4:22).

2. **Der Antizionismus**, d.h. die Idee, dass alle Völker ein Recht auf ihr eigenes Land haben, außer dem jüdischen Volk. Dieser Geist kommt aus dem Mund des Tieres, des politischen Weltsystems, das vom Antichristen geführt wird. Kein Politiker wird sagen, er sei antisemitisch. Sie

verschleiern ihren Judenhass, indem sie sagen, sie seien nur gegen den Staat Israel.

3. **Die Ersatztheologie**, d. h. die Lehre, das jüdische Volk sei zwar einst Gottes Volk gewesen, aber entweder durch die Kirche oder den Islam ersetzt worden. Die Verheißungen Gottes an Israel würden nicht mehr gelten. Dieser Geist entspringt dem Mund des falschen Propheten und einer unheiligen Allianz zwischen dem Islam und dem abgefallenen Christentum.

Alle diese bösen Geister bringen falsche und lügnerische Anschuldigungen gegen Israel vor, um das Land zu vernichten. Es heißt, diese drei bösen Geister würden „Zeichen tun", um die Könige und Führer der Erde gegen Israel aufzubringen. Damit sind nicht dämonische Zeichen und Wunder gemeint. Das griechische Wort, das hier für „Zeichen" verwendet wird, ist *seemeion* und bedeutet: „das, was eine Person oder Sache von anderen abhebt; Erkennungszeichen". Dasselbe Wort wird im Matthäus-Evangelium verwendet, als Judas Jesus im Garten Gethsemane verriet.

> Und während er noch redete, siehe, da kam Judas, einer der Zwölf, und mit ihm eine große Menge mit Schwertern und Stöcken, von den Hohen Priestern und Ältesten des Volkes. **Der ihn aber überlieferte, hatte ihnen ein Zeichen gegeben** und gesagt: Wen ich küssen werde, der ist es, den ergreift! Und sogleich trat er zu Jesus und sprach: Sei gegrüßt, Rabbi!, und küsste ihn. Matthäus 26:47-49

Mit dem von Judas ausgeführten Zeichen markierte er Jesus mit einem Kuss, um Ihn von den anderen zu trennen und Ihn dann verhaften zu können. Die drei Dämonen in Offenbarung 16 werden in den letzten Tagen zu den „Königen" der Erde gehen und Israel als Ziel aller Anklagen des Teufels herausgreifen. So werden diese Führer mobilisiert, um gemeinsam gegen Israel zu marschieren. Antisemitismus bedeutet, Israel mit einem anderen Maßstab zu behandeln als andere Länder. Israel wird ausgesondert und von anderen Nationen unterschieden werden. Johannes schreibt, „die ganze Welt ist in der Gewalt des Bösen" (1. Johannes 5:19), und genau das geschieht heute zum Beispiel in der UNO.

Der endzeitliche Kampf um die Wahrheit hat bereits begonnen! Die Kräfte des Antisemitismus, des Antizionismus und der Ersatztheologie vereinen sich heute zu einem letzten Angriff auf Israel. Diese Kräfte bereiten den Weg für die letzte Schlacht in Harmagedon, wenn sowohl Juden als auch wiedergeborene Christen, die in Israels Ölbaum[39] eingepfropft sind, angegriffen werden. Wir müssen mit den durch Gott mächtigen Waffen zu kämpfen lernen, um Festungen, die sich gegen Ihn in Form von Argumenten auflehnen, zu zerstören. Um das tun zu können, müssen wir fest in der Wahrheit von Gottes Wort verankert sein.

> **Denn obwohl wir im Fleisch wandeln, kämpfen wir nicht nach dem Fleisch; denn die Waffen unseres Kampfes sind nicht fleischlich, sondern mächtig für Gott zur Zerstörung von Festungen; so zerstören wir [überspitzte] Gedankengebäude und jede Höhe, die sich gegen die Erkenntnis Gottes erhebt, und nehmen jeden Gedanken gefangen unter den Gehorsam Christi ...** 2. Korinther 10:3-5

LIEBE DIE WAHRHEIT

Paulus schreibt über den Antichristen:

---
39 Vgl. Römer 11:17; Offenbarung 12:17

> Der Frevler aber wird kommen durch das Wirken des Satans mit großer Kraft und lügenhaften Zeichen und Wundern und mit jeglicher Verführung zur Ungerechtigkeit bei denen, die verloren werden. Denn sie haben die Liebe zur Wahrheit nicht angenommen, dass sie gerettet würden. Und darum sendet ihnen Gott die Macht der Verführung, dass sie der Lüge glauben, auf dass gerichtet werden alle, die der Wahrheit nicht glaubten, sondern Lust hatten an der Ungerechtigkeit.
>
> 2. Thessalonicher 2:9-12 (LU)

Wenn wir nicht an die Wahrheit des Wortes Gottes glauben und dieses nicht lieben, werden uns die listigen Lügen und die Propaganda des Teufels täuschen. In der Tat wären wir nicht in der Lage, uns gegen sie zu verteidigen. Das ist eine sehr ernste Angelegenheit. Und das Einzige, was uns retten kann, ist das Wort Gottes. Paulus fährt fort:

> Wir aber müssen Gott allezeit für euch danken, vom Herrn geliebte Brüder und Schwestern, dass **Gott euch als Erstlinge erwählt hat zur Seligkeit in der Heiligung durch den Geist und im Glauben an die Wahrheit**, wozu er euch auch berufen hat durch unser Evangelium, damit ihr die Herrlichkeit unseres Herrn Jesus Christus erlangt. So **steht nun fest** und haltet euch an die Überlieferungen, in denen ihr durch uns unterwiesen worden seid, es sei durch Wort oder Brief von uns.
>
> 2. Thessalonicher 2:13-15 (LU)

Auch steht im Brief an die Hebräer geschrieben:

> Deswegen müssen wir umso mehr auf das achten, was wir gehört haben, damit wir nicht etwa am Ziel vorbeigleiten.
>
> Hebräer 2:1

Wir müssen also fest in der Wahrheit des Wortes Gottes stehen. Gottes Wort ist unsere alleinige Sicherheit und das Einzige, das uns den Weg zeigen kann.

Eine Leuchte für meinen Fuß ist dein Wort, ein Licht für meinen Pfad. Psalm 119:105

Der geistliche Kampf um die Wahrheit wird sich in der Endzeit extrem intensivieren. Deshalb ist es notwendig, täglich betend in der Bibel zu lesen und so viel wie möglich in der Heiligen Schrift zu studieren. Jesus versprach:

Wenn aber jener, der Geist der Wahrheit, gekommen ist, wird er euch in die ganze Wahrheit leiten; denn er wird nicht aus sich selbst reden, sondern was er hören wird, wird er reden, und das Kommende wird er euch verkündigen. Johannes 16:13

Der Beistand aber, der Heilige Geist, den der Vater senden wird in meinem Namen, der wird euch alles lehren und euch an alles erinnern, was ich euch gesagt habe. Johannes 14:26

Deshalb ist es wichtig, die ganze Bibel zu lesen, und auch weil es heißt:

… und weil du von Kind auf die heiligen Schriften kennst, die Kraft haben, dich weise zu machen zur Rettung durch den Glauben, der in Christus Jesus ist. 2. Timotheus 3:16

Ebenso:

Die Summe deines Wortes ist Wahrheit, und jedes Urteil deiner Gerechtigkeit währt ewig. Psalm 119:160

Wenn wir nicht die gesamte Bibel lesen, erfahren wir auch nicht die ganze Wahrheit!

Petrus schrieb:

> **Umso fester haben wir das prophetische Wort, und ihr tut gut daran, dass ihr darauf achtet als auf ein Licht, das da scheint an einem dunklen Ort, bis der Tag anbricht und der Morgenstern aufgeht in euren Herzen.**
> 2. Petrus 1:19 (LU)

Wir haben keine Chance, den richtigen Weg in dieser dunklen und unruhigen Zeit zu finden, wenn wir nicht das prophetische Wort sorgfältig studieren.

Es ist eine gute und bewährte Gewohnheit, jedes Jahr die gesamte Bibel durchzulesen. So wie wir jeden Tag körperliche Nahrung zu uns nehmen müssen, sollten wir auch jeden Tag in der Bibel lesen.

> **Es steht geschrieben: »Nicht von Brot allein soll der Mensch leben, sondern von jedem Wort, das durch den Mund Gottes ausgeht.«**
> Matthäus 4:4

Dem König von Israel wurde befohlen, täglich in Gottes Wort zu lesen, um zu lernen, Gott zu fürchten und Ihm zu gehorchen (5. Mose 17:18-19). Das galt auch für König David und den weisesten Mann der Welt, König Salomo. Beide haben selbst Teile der Bibel geschrieben. Wie viel mehr müssen *wir* jeden Tag in der Bibel lesen, um Gott fürchten zu lernen und Ihm zu gehorchen!

Die Welt bombardiert uns jeden Tag mit Informationen über alles Mögliche. Wir müssen dem Wort Gottes den Vorrang vor allen anderen Informationen geben, damit wir uns nicht an die Denk- und Handlungsweise der Welt anpassen.

> **Und seid nicht gleichförmig dieser Welt, sondern werdet verwandelt durch die Erneuerung des Sinnes, dass ihr prüft, was der Wille Gottes ist: das Gute und Wohlgefällige und Vollkommene.**
> Römer 12:2

Es wird sogar befohlen, Gottes Wort zu studieren.

Und du sollst den HERRN, deinen Gott, lieben mit deinem ganzen Herzen und mit deiner ganzen Seele und mit deiner ganzen Kraft. Und diese Worte, die ich dir heute gebiete, sollen in deinem Herzen sein. Und du sollst sie deinen Kindern einschärfen, und du sollst davon reden, wenn du in deinem Hause sitzt und wenn du auf dem Weg gehst, wenn du dich hinlegst und wenn du aufstehst.

5. Mose 6:5-7

Wir sind aufgefordert, Gott über alles zu lieben, indem wir Seine Worte auf unser Herz legen und jeden Tag über sie sprechen.

Jeder hat die gleiche Menge an Zeit pro Tag zur Verfügung! Die Frage ist, wie wir unsere Zeit priorisieren. Das Beste ist zweifelsohne, Gottes Wort zu **lesen**. Wenn du nicht immer Zeit hast, in der Bibel zu lesen, kannst du dir die Bibel auch auf deinem Handy anhören. Wir müssen wieder zu „Lesern" werden und mehr in der Bibel lesen, als Predigten und Lehren zuzuhören.

Wie liebe ich dein Gesetz! Es ist mein Nachdenken den ganzen Tag. Dein Gebot macht mich weiser als meine Feinde. Denn ewig ist es mein! Verständiger bin ich als alle meine Lehrer. Denn deine Zeugnisse sind mein Überlegen.

Psalm 119:97-99

Wir können nicht immer verhindern, dass Lügen und Anschuldigungen über Israel verbreitet werden. Aber wir können und müssen lernen, die Lügen mit der Hilfe des Wortes Gottes zu bekämpfen! Wenn auch die Welt nicht immer auf uns hören wird, so sollte doch gerade die Gemeinde die Wahrheit kennen und für sie eintreten. Die Gemeinde ist „Pfeiler und Grundfeste der Wahrheit" (1. Timotheus 3:15) und wir sind aufgerufen, Salz und Licht zu sein.

6

Die Zukunft des Landes

Denn so spricht der HERR der Heerscharen, nachdem die Herrlichkeit mich ausgesandt hat, über die Nationen, die euch geplündert haben – denn wer euch antastet, tastet seinen Augapfel an –: Ja, siehe, ich werde meine Hand über sie schwingen, und sie sollen ihren Knechten zur Beute werden. Und ihr werdet erkennen, dass der HERR der Heerscharen mich gesandt hat. Juble und freue dich, Tochter Zion! Denn siehe, ich komme und werde in deiner Mitte wohnen, spricht der HERR. Und an jenem Tag werden viele Nationen sich dem HERRN anschließen. So werden sie mein Volk sein. Und ich werde in deiner Mitte wohnen, und du wirst erkennen, dass der HERR der Heerscharen mich zu dir gesandt hat. Und der HERR wird Juda als sein Erbteil besitzen im heiligen Land und wird Jerusalem aufs Neue erwählen. Sacharja 2:12-16

Gott nennt das Land Israel Sein eigenes Land. Hesekiel beschreibt in den Kapiteln den außerordentlichen Zorn Gottes gegenüber jenen, die Seinem Volk das Land wegnehmen:

Weil du eine beständige Feindschaft hegtest und die Söhne Israel der Gewalt des Schwertes preisgabst zur Zeit ihres Unglücks, zur Zeit der endgültigen Strafe; darum, so wahr ich lebe, spricht der Herr, HERR, ja, ich mache dich zu Blut, und Blut wird dich verfolgen; weil du Blut nicht gehasst hast, soll Blut dich verfolgen.
Weil du sagst: Die beiden Nationen und die beiden Länder gehören mir, und ich nehme sie in Besitz, wo doch der HERR dort war; darum, so wahr ich lebe, spricht der Herr, HERR, werde ich an dir handeln nach deinem Zorn und nach deiner Eifersucht, mit

denen du aus Hass gegen sie gehandelt hast; und ich werde mich ihnen zu erkennen geben, wenn ich dich gerichtet habe. Und du wirst erkennen, dass ich, der HERR, alle deine Lästerungen gehört habe, die du gegen die Berge Israels ausgesprochen hast, indem du sagtest: Sie liegen verwüstet da, uns sind sie zum Fraß gegeben.

Hesekiel 35:5-6; 10-12

Beachte, wie hier speziell die „Berge Israels" angesprochen werden: „Ich habe alle deine Lästerungen gehört, die du gegen die Berge Israels ausgesprochen hast, indem du sagtest: Sie liegen verwüstet da, uns sind sie zum Fraß gegeben."

80 % der Berge Israels liegen in dem Gebiet, das die Weltgemeinschaft heute „Westjordanland" nennt und es dem jüdischen Volk wegnehmen will, um dort einen palästinensischen Staat zu errichten. Hesekiel fährt mit seiner Prophetie über dieses Gebiet fort:

Und du, Menschensohn, weissage über die Berge Israels und sprich: Berge Israels, hört das Wort des HERRN! So spricht der Herr, HERR: Weil der Feind über euch sagt: »Haha!« und: »Die ewigen Höhen, sie sind uns zum Besitz geworden!«; darum weissage und sprich: So spricht der Herr, HERR: Deshalb, ja, deshalb, weil man euch verwüstet und euch nachstellt von allen Seiten her, sodass ihr dem Rest der Nationen zum Besitz geworden und ins Gerede der Zunge und ins Geschwätz der Leute gekommen seid, darum, ihr Berge Israels, hört das Wort des Herrn, HERRN! So spricht der Herr, HERR, zu den Bergen und zu den Hügeln, zu den Bachrinnen und zu den Tälern, zu den wüst daliegenden Trümmerstätten und zu den verlassenen Städten, die für den Rest der Nationen ringsum zur Plünderung und zum Spott geworden sind; darum, so spricht der Herr, HERR: Wahrlich, im Feuer meines Eifers habe ich gegen den Rest der Nationen geredet und gegen Edom insgesamt, **die sich mein Land zum Besitz gemacht haben mit der ganzen Schaden-**

freude des Herzens, mit Verachtung der Seele, um sein Weideland zur Plünderung zu haben! Hesekiel 36:1-5

Das prophetische Wort der Bibel ist verblüffend genau. Vor 2.500 Jahren prophezeite Hesekiel über die Bewohner der Berge Israels: „Das Ziel von bösem Gerede und Geschwätz der Menschen". Wahrscheinlich gibt es heute niemanden, der von den Medien und Politikern so verleumdet und verspottet wird wie die sogenannten „Siedler", d.h. die Juden, die auf den Bergen Israels leben. Dies geschieht, obwohl die gesamte internationale Gemeinschaft ihr Recht, sich dort niederzulassen, erst vor hundert Jahren anerkannt hat. Nach Angaben aus dem Jahr 2023 leben 850.000 Juden in diesen umstrittenen Gebieten – Judäa und Samaria.[40]

Beachte, der Herr sagt über die Juden, welche auf den Bergen Israels leben und die ganze Welt provozieren, sie leben in „meinem Land". Über Israels Feinde steht geschrieben: „Sie haben sich **Mein Land** zum Besitz gemacht mit der ganzen Schadenfreude des Herzens, mit Verachtung der Seele, um dessen Weideland zur Plünderung zu haben!" Gott nennt das „Westjordanland" **Sein** Land; es ist das Gebiet, das seit den Tagen der Bibel als Judäa und Samaria bezeichnet wurde. Heute wollen die Politiker der Welt Gottes Land von allen Juden räumen. Kein Wunder, dass dies den Zorn Gottes erregt!

Hesekiel prophezeit weiter, was mit diesem Gebiet geschehen wird:

Darum weissage über das Land Israel, und sage zu den Bergen und zu den Hügeln, zu den Bachrinnen und zu den Tälern: So spricht der

---

40 Mit Stichtag 1. Januar 2023 lebten 502.991 jüdische Bewohner in Judea und Samaria gemäß einem Dokument, das sich auf Daten des Bevölkerungsregisters des israelischen Innenministeriums bezieht. Nicht darin enthalten sind die fast 350.000 Juden, die in Ost-Jerusalem wohnen ("Jewish population in Judea and Samaria tops half a million," *JNS*, 02.02.2023, *https://jns.org/jewish-population-in-judea-and-samaria-tops-half-a- million* [22.12.2023]).

Herr, HERR: **Siehe, in meinem Eifer und in meinem Grimm habe ich geredet, weil ihr die Schmach der Nationen getragen habt.** Darum, so spricht der Herr, HERR: Ich, ich habe meine Hand zum Schwur erhoben: Wenn die Nationen, die rings um euch her sind, ihre Schmach nicht selbst tragen! Hesekiel 36:6-7

Ihr aber, Berge Israels, ihr werdet für mein Volk Israel eure Zweige treiben und eure Frucht tragen, denn sie sind nahe daran zu kommen. Denn siehe, ich werde zu euch kommen, und ich will mich zu euch wenden, und ihr werdet bebaut und besät werden. **Und ich werde die Menschen auf euch vermehren, das ganze Haus Israel insgesamt;** und die Städte werden wieder bewohnt sein und die Trümmerstätten aufgebaut werden. Und ich werde Menschen und Vieh auf euch vermehren, und sie werden sich vermehren und fruchtbar sein; und ich werde euch bewohnt sein lassen wie in euren früheren Zeiten und werde euch Gutes tun mehr als in euren Anfängen. Und ihr werdet erkennen, dass ich der HERR bin. Und ich werde Menschen, mein Volk Israel, auf euch gehen lassen, und sie werden dich in Besitz nehmen, und du wirst ihnen zum Erbe sein; und du wirst sie nicht mehr länger kinderlos machen. Hesekiel 36:8-12

Gott versammelt Sein Volk aus den vier Ecken der Erde, um vor allem auf den Bergen Israels zu bleiben. Der Herr sagt:

Und ich werde die Menschen auf euch vermehren, das ganze Haus Israel insgesamt; und die Städte werden wieder bewohnt sein und die Trümmerstätten aufgebaut werden. Und ich werde Menschen und Vieh auf euch vermehren, und sie werden sich vermehren und fruchtbar sein. Hesekiel 36:10-11

Dies geschieht jetzt direkt vor unseren Augen, trotz des Widerstands der ganzen Welt! Silo, Ophra, Ephrat, Bethel sind nur einige von vielen Beispielen für alte biblische Städte, die seit

Jahrtausenden in Trümmern liegen, aber jetzt wieder aufgebaut werden, genau wie Gott es gesagt hat. Kein Wunder also, dass der Feind wütet. Aber für die Berge Israels wird das Ende gut sein:

> **Und ich will dich nicht mehr die Schmähung der Nationen hören lassen, und das Höhnen der Völker sollst du nicht mehr ertragen müssen; und du sollst deine Nation nicht mehr kinderlos machen, spricht der Herr, HERR.**
>
> Hesekiel 36:15

Auf der anderen Seite werden Israels Feinde verachtet werden:

> **Darum weissage über das Land Israel, und sage zu den Bergen und zu den Hügeln, zu den Bachrinnen und zu den Tälern: So spricht der Herr, HERR: Siehe, in meinem Eifer und in meinem Grimm habe ich geredet, weil ihr die Schmach der Nationen getragen habt. Darum, so spricht der Herr, HERR: Ich, ich habe meine Hand zum Schwur erhoben: Wenn die Nationen, die rings um euch her sind, ihre Schmach nicht selbst tragen!**
>
> Hesekiel 36:6-7

ISRAELS ZUKÜNFTIGE GRENZEN

In der Bibel werden die Grenzen Israels unterschiedlich beschrieben. In 1. Mose 15:18-21 wird Abraham das erste und größte Gebiet gegeben. Es umfasst das gesamte Gebiet zwischen Ägypten und dem Fluss Euphrat. Israel hat dieses Gebiet nie vollständig in Besitz genommen. Dies wird aber im messianischen Zeitalter geschehen, wenn das Königreich Israel wiederhergestellt wird. Jesus sagte:

> **Denn wahrlich, ich sage euch: Bis der Himmel und die Erde vergehen, soll auch nicht ein Jota oder ein Strichlein von dem Gesetz vergehen, bis alles geschehen ist.**
>
> Matthäus 5:18

Die Verheißung an Abraham wird sich erfüllen.

Die zweite Beschreibung der Grenzen Israels umfasst das Gebiet, das Gott durch Mose in 4. Mose 34:1-15 verheißen hatte, als die Kinder Israels bereit waren, in das Land einzuziehen. Dieses Gebiet ist kleiner, und ging schließlich unter König Salomo an Israel. Das von Josua in Josua 13-19 verteilte Land, war kleiner als das Gebiet in 4. Mose 34. Es dauerte über 400 Jahre, bis Israel das gesamte Gebiet in Besitz nehmen konnte. Das Gebiet, das die Juden nach der babylonischen Gefangenschaft erhielten und zur Zeit Jesu bestand, war sogar noch kleiner. Mose erklärte Israel:

> **Und wenn der HERR, dein Gott, dein Gebiet erweitern wird, wie er deinen Vätern geschworen hat, und dir das ganze Land gibt, das er deinen Vätern zu geben zugesagt hat – wenn du darauf achtest, dieses ganze Gebot zu tun, das ich dir heute befehle, indem du den HERRN, deinen Gott, liebst und alle Tage auf seinen Wegen gehst ...**
>
> 5. Mose 19:8-9

Mit anderen Worten: Die Grenzen Israels variieren je nach dem Gehorsam der Kinder Israels und ihrer Beziehung zu Gott. Dies war auch in der Neuzeit der Fall, als der Staat Israel 1948 gegründet wurde und nur die Hälfte des Landes westlich des Jordans erhielt. Deshalb ist es wichtig, dass das jüdische Volk zu Gott umkehrt und Seinen Geboten gehorcht.

> **Gerechtigkeit erhöht eine Nation, aber Sünde ist die Schande der Völker.**
>
> Sprüche 14:34

Bei der bevorstehenden endgültigen Wiederherstellung werden die Weisen Israels erklären, dass die ganze Erde Israel gehören wird.

Die Zukunft des Landes

„In der Zukunft wird sich das Land Israel ausdehnen und jedes Land der Erde einnehmen. Der Tempelberg wird wie das Allerheiligste sein, ganz Jerusalem wird wie der Tempelberg sein, ganz Israel wird wie Jerusalem sein und die ganze Welt wie Israel" *(Pesikta Rabbati)*.[41]

Das stimmt auch mit den Aussagen von Paulus über Abraham überein, dass Gott ihm **die ganze Welt** versprach:

Denn nicht durchs Gesetz wurde Abraham oder seiner Nachkommenschaft die Verheißung zuteil, dass er der Welt Erbe sein sollte, sondern durch Glaubensgerechtigkeit.
Römer 4:13

Jesus versprach:

Selig sind die Sanftmütigen; denn sie werden das Erdreich besitzen.
Matthäus 5:5 (LU)

In der Apostelgeschichte bezeichnen die Apostel das messianische Reich Gottes auf Erden als „das wiederhergestellte Reich Israels".

Herr, stellst du in dieser Zeit für Israel das Reich wieder her?
Apostelgeschichte 1:6

Von diesem Reich haben alle Propheten gesprochen, mit Jerusalem als Hauptstadt, der „Stadt des großen Königs". König David betete:

Darum bist du groß, Herr, HERR! Ja, niemand ist dir gleich, und es gibt keinen Gott außer dir, nach allem, was wir mit unseren Ohren

---

41 Vgl. Adam Eliyahu Berkowitz, „Jewish Prophecy: In Coming Messianic Era, Israel's Borders Will Encompass the World," *Israel365 News* (08.06.2016), https://israel365news.com/307912/global-kingdom-israel-times-messiah/#Q8Gzq K5W8YWsKSfd.99 [22.12.2023].

gehört haben. Und wer ist wie dein Volk, wie Israel, die einzige Nation auf Erden, für die Gott hingegangen ist, sie sich zum Volk zu erlösen und um sich einen Namen zu machen und an ihnen Großes zu erweisen und furchtgebietende Taten an deinem Land, indem du vor deinem Volk, das du dir aus Ägypten erlöst hast, Nationen und ihre Götter vertriebst. Und du hast dir dein Volk Israel fest gegründet, auf ewig zum Volk für dich; und du, HERR, bist ihr Gott geworden. Und nun, HERR, Gott, das Wort, das du über deinen Knecht und über sein Haus geredet hast, halte ewig aufrecht, und tu, **wie du geredet hast! Dann wird dein Name ewig groß sein, indem man sagt: Der HERR der Heerscharen ist Gott über Israel!** 2. Samuel 7:22-26

Gott will die Gemeinde als Segen für Israel benutzen. Wir sind in einen geistlichen Kampf um die Wahrheit verwickelt, in dem wir nicht gegen Menschen aus Fleisch und Blut kämpfen, „sondern gegen die Machthaber, gegen die Gewalten, gegen die kosmischen Mächte dieser gegenwärtigen Finsternis, gegen die geistlichen Mächte des Bösen in den himmlischen Örtern." (Epheser 6:12). Paulus führt im Epheserbrief weiter aus:

Deshalb ergreift die ganze Waffenrüstung Gottes, damit ihr an dem bösen Tag widerstehen und, wenn ihr alles ausgerichtet habt, stehen bleiben könnt! So steht nun, eure Lenden umgürtet mit Wahrheit, bekleidet mit dem Brustpanzer der Gerechtigkeit und beschuht an den Füßen mit der Bereitschaft zur Verkündigung des Evangeliums des Friedens! Bei alledem ergreift den Schild des Glaubens, mit dem ihr alle feurigen Pfeile des Bösen auslöschen könnt! Nehmt auch den Helm des Heils und das Schwert des Geistes, das ist Gottes Wort! Mit allem Gebet und Flehen betet zu jeder Zeit im Geist, und wacht hierzu in allem Anhalten und Flehen für alle Heiligen ...
Epheser 6:13-18

Zu „allen Heiligen" gehört auch Israel, denn es ist ein heiliges Volk. Wir befinden uns in einem intensiven geistlichen Kampf um die Wiederherstellung Israels. Dies ist ein Kampf um die Wahrheit. Gott hat versprochen, wer Israel segnet, wird von Ihm gesegnet werden. Aber wer flucht, was im Hebräischen wörtlich „verächtlich machen" bedeutet, wird von Gott verflucht.

Und der HERR sprach zu Abram: Geh aus deinem Land und aus deiner Verwandtschaft und aus dem Haus deines Vaters in das Land, das ich dir zeigen werde! Und ich will dich zu einer großen Nation machen, und ich will dich segnen, und ich will deinen Namen groß machen, und du sollst ein Segen sein! Und ich will segnen, die dich segnen, und wer dir flucht, den werde ich verfluchen; und in dir sollen gesegnet werden alle Geschlechter der Erde! 1. Mose 12:1-3

Heute brauchen wir dringend Gottes Segen, sowohl als Gemeinde als auch als Nation. Gott wird eine Gemeinde, die Israel nicht segnet, nicht vollständig segnen können.

Im geistlichen Kampf um die Rettung Israels muss die Gemeinde an Folgendes denken:

1. Wir müssen bereit sein, für die Wahrheit zu kämpfen, treu bis in den Tod.

Denn ich werde schon als Trankopfer gesprengt, und die Zeit meines Abscheidens steht bevor. Ich habe den guten Kampf gekämpft, ich habe den Lauf vollendet, ich habe den Glauben bewahrt; fortan liegt mir bereit der Siegeskranz der Gerechtigkeit, den der Herr, der gerechte Richter, mir als Belohnung geben wird an jenem Tag; nicht allein aber mir, sondern auch allen, die sein Erscheinen liebgewonnen haben. 2. Timotheus 4:6-8

2. Wir müssen lernen, als Armee gemeinsam in Liebe und Einigkeit zu kämpfen.

Denn wie wir in einem Leib viele Glieder haben, aber die Glieder nicht alle dieselbe Tätigkeit haben, so sind wir, die vielen, ein Leib in Christus, einzeln aber Glieder voneinander. Da wir aber verschiedene Gnadengaben haben nach der uns gegebenen Gnade, so lasst sie uns gebrauchen ... *Römer 12:4-6*

3. **Wir müssen in der Wahrheit des Wortes Gottes verwurzelt und gegründet sein.**

So steht nun, eure Lenden umgürtet mit Wahrheit ... *Epheser 6:14*

4. **Wir müssen täglich für Israel beten.**

Auf deine Mauern, Jerusalem, habe ich Wächter bestellt. Den ganzen Tag und die ganze Nacht werden sie keinen Augenblick schweigen. Ihr, die ihr den HERRN erinnert, gönnt euch keine Ruhe und lasst ihm keine Ruhe, bis er Jerusalem wieder aufrichtet und bis er es zum Lobpreis macht auf Erden! *Jesaja 62:6-7*

5. **Wir müssen die Wahrheit im Wort Gottes mutig verkünden.**

Nehmt ... das Schwert des Geistes, das ist Gottes Wort! *Epheser 6:17*

6. **Wir brauchen Weisheit, um so viele wie möglich zu warnen, vor allem unter den Leitern.**

Und nun, ihr Könige, handelt verständig; lasst euch zurechtweisen, ihr Richter der Erde!
Küsst den Sohn, dass er nicht zürne und ihr umkommt auf dem Weg; denn leicht entbrennt sein Zorn. Glücklich alle, die sich bei ihm bergen! *Psalm 2:10, 12*

7. **Wir brauchen starke prophetische Stimmen, die warnen können.**

Menschensohn, ich habe dich für das Haus Israel zum Wächter gegeben. Und hörst du ein Wort aus meinem Mund, so sollst du sie von mir verwarnen! Hesekiel 3:17

8. **Wir müssen die Hingabe der Moabiterin Rut gegenüber Israel zeigen.**

Aber Rut sagte: Dringe nicht in mich, dich zu verlassen, von dir weg umzukehren! Denn wohin du gehst, dahin will auch ich gehen, und wo du bleibst, da bleibe auch ich. Dein Volk ist mein Volk, und dein Gott ist mein Gott. Wo du stirbst, da will auch ich sterben, und dort will ich begraben werden. So soll mir der HERR tun und so hinzufügen – nur der Tod soll mich und dich scheiden. Rut 1:16-17

7

Die Zukunft von Gaza

Und ich will das Blut aus ihrem Munde wegnehmen und ihre Gräuel zwischen ihren Zähnen, dass auch sie unserm Gott übrigbleiben und wie ein Verwandter für Juda werden und Ekron wie die Jebusiter.

Sacharja 9:7 (LU)

Während ich im November 2023 das letzte Kapitel dieses Buches schreibe, befindet sich Israel im Gazastreifen im Krieg gegen die Terrororganisation Hamas. Am 7. Oktober 2023 überquerten etwa 3.000 Hamas-Terroristen zusammen mit einer Reihe von Zivilisten aus dem Gazastreifen die Grenze nach Israel und ermordeten über 1.200 Menschen, darunter etwa 1.000 Zivilisten. Die Hamas filmte sich genüsslich dabei, wie sie die Menschen vergewaltigten, verstümmelten, lebendig verbrannten und andere bestialische Verbrechen begingen. Darüber hinaus nahmen sie über 240 Zivilisten, darunter Frauen, Kinder und ältere Menschen als Geiseln mit nach Gaza. Dies ist die schlimmste Katastrophe, welche das jüdische Volk seit dem Holocaust erlitten hat. Außerdem hat die Hamas über 10.000 Raketen auf zivile Ziele in Israel abgefeuert. Innerhalb des Gazastreifens benutzt die Hamas die Zivilbevölkerung als menschliche Schutzschilde. All diese Handlungen stellen schwere Kriegsverbrechen dar. Trotzdem sind Tausende von Menschen auf der ganzen Welt zur Unterstützung der Hamas auf die Straße gegangen. Das ist unvorstellbar! Israel hat fast 400.000 Soldaten mobilisiert und ist in den Gazastreifen eingedrungen, um die Hamas als terroristische Organisation ein für alle Mal auszulöschen. Die ganze Welt fragt sich nun, was mit Gaza geschehen wird, nachdem die Hamas besiegt ist. Hat Gott in Seinem Wort etwas dazu zu sagen?

Bemerkenswerterweise enthält die Bibel ein ganzes Kapitel, das genau zu beschreiben scheint, was in Gaza geschieht. Wir müssen dieses Kapitel studieren und uns die prophetischen Verheißungen über Gaza zu Herzen nehmen, damit die Gemeinde entsprechend handeln kann.

EIN PROPHETISCHER TRAUM

Ich möchte einen prophetischen Traum von Tim Hostetter mitteilen. Tim ist mein Freund und ein Fürbitter in den Vereinigten Staaten. Der Traum stammt von Anfang Dezember 2022 – also fast ein Jahr vor dem Massaker der Hamas am 7. Oktober 2023. Das ist wichtig und betont, dass Gott die volle Kontrolle über das jetzige Geschehen hat.[42]

> Am 4. Dezember 2022 träumte ich, wie ich mit einem lieben israelischen Freund telefonierte. Er erzählte mir, der Heilige Geist bewege sich in Israel. Im Traum wusste ich, Israel hatte sein Sicherheitsgefühl aufgrund eines Gerichts Gottes verloren. Dies glich den biblischen Zeiten, als Schlimmes geschah, was aber zu nationaler Umkehr und Rückkehr zum Gehorsam gegenüber Gottes Geboten in der Thora führte (wie zum Beispiel im Buch der Richter).
> Mein Freund sagte, um dies (das Wirken von Gottes Geist in Israel) im Gebet „durchzudrücken", müssten die Verheißungen aus der Heiligen Schrift angewandt werden, was einem Menschen gleiche, der bis zum Sonnenaufgang in Wehen liegt. Der Traum könnte sich auf das biblische Beispiel von Rahel beziehen, als sie Benjamin gebar (1. Mose 35:16-18), oder auf eine der anderen Matriarchinnen. Das kommunizierte Thema

---

42 Diese Traumbeschreibung entstammt privater Korrespondenz; minimale Erläuterungen wurden hinzugefügt.

bezog sich auf biblische Geschichten über jüdische Menschen, die an Gottes Barmherzigkeit festhielten.

Im Traum dachte ich an eine Bibelstelle, in der Gott sagt: „Mein heiliges Volk ist zu Trunkenbolden und Prostituierten geworden." (Ich glaube nicht, dass eine solche Schriftstelle wörtlich existiert, aber dieses Thema kommt in der Bibel, insbesondere bei den Propheten, durchaus vor.) Es war sehr schmerzhaft, Gottes Herz zu spüren, und ich weinte und weinte wegen der Situation voller Sünde und wegen des Gerichts. **Ich wusste jedoch, dies würde in Israel zu einer Bewegung der Umkehr führen. Und ich wusste, dass ein Sicherheitsgefühl wiederhergestellt würde.**

Im Traum war mir klar, ich würde öffentlich vor einem christlichen Publikum sprechen, welches für Israel beten wollte. **Ich wusste, es handelte sich hier um das nächste prophetische Wort, das wir durchbeten mussten: Israel soll umkehren und zur Thora zurückkehren, genau wie in den biblischen Berichten.**

Ich wollte die Christen für diese Gebete verstehen lassen, dass es bei diesem Aufruf zur Umkehr darum geht, dass die Juden aufrichtig nach Gottes Geboten in der Thora leben müssen. Ich wollte, dass sie es wissen, damit sie, wenn es geschieht, zu ihren Gebeten für Israel ermutigt werden. Mir war auch bewusst, dass bei dieser Bewegung des Geistes der Glaube an Jesus vielleicht noch nicht zustande kommen würde – die Umkehr aber und die daraus resultierende Barmherzigkeit dennoch echt sein würden. Ich empfand, die Gläubigen müssten dies verstehen, damit sie weiterhin für Israel beten würden. Sie sollten nicht darüber enttäuscht sein, wenn der Glaube der Massen an Jeschua noch nicht entflammt worden ist.

Während dieses Traums fuhr ich mit meiner Frau an einem Ort vorbei, den wir nur selten besuchen. Wir waren allein im Auto (was auch sehr selten ist, da wir vier Kinder haben). Im „wachen" Leben fuhren wir nun vor ein paar Wochen zufällig an diesem Ort vorbei und waren nur zu zweit im Auto. Ich fragte mich, ob dies ein Zeichen dafür war, dass der Zeitpunkt für diesen Traum **jetzt** gekommen war.

Hostetter beschrieb seine wichtigsten Eindrücke aus dem Traum wie folgt:

Es scheint, Gott habe eine Zeit der Erschütterung für Israel geplant, weil Er eine Bewegung des Heiligen Geistes für das Land vorgesehen hat. Dies ist eine Bewegung der Buße und der Rückkehr zu Gottes Geboten in der Thora. Wir müssen eifrig beten und Gottes Barmherzigkeit nicht bezweifeln, damit sich diese Bewegung des Geistes durchsetzt.
Viele Gläubige müssen bestärkt werden, dass Israels Umkehr und Rückkehr zur Thora ein wahrhaftiger Schritt Gottes ist (Hesekiel 36:24-28). Dieses Verständnis ist notwendig, damit alle Fürbitter im Gebet standhaft bleiben.

Und ich werde euch aus den Nationen holen und euch aus allen Ländern sammeln und euch in euer Land bringen. Und ich werde reines Wasser auf euch sprengen, und ihr werdet rein sein; von all euren Unreinheiten und von all euren Götzen werde ich euch reinigen. Und ich werde euch ein neues Herz geben und einen neuen Geist in euer Inneres geben; und ich werde das steinerne Herz aus eurem Fleisch wegnehmen und euch ein fleischernes Herz geben. Und ich werde meinen Geist in euer Inneres geben; und ich werde machen, dass ihr in meinen Ordnungen lebt und meine Rechtsbestimmungen bewahrt und tut. Und ihr werdet in dem Land wohnen, das ich euren Vätern gegeben habe, und ihr werdet mir zum Volk, und ich, ich werde euch zum Gott sein. Hesekiel 36:24-28

ÜBERLEGUNGEN ZU DEM TRAUM

Tim hatte diesen Traum fast ein ganzes Jahr vor diesem Ereignis. Zwei Wochen vor dem Massaker am 7. Oktober fuhr er dann mit seinem Auto an dem Ort vorbei, den er im Traum gesehen hatte, und fragte sich, ob die Zeit für die Erfüllung gekommen war.

Der Traum handelt davon, dass Israel sich von der Gesetzlosigkeit abwenden und im Gehorsam gegenüber dem Bund und den Geboten Gottes ein Leben in Rechtschaffenheit führen muss. Im Laufe des vergangenen Jahres hat sich der säkulare Teil der Gesellschaft in Israel auf immer schwerwiegendere Weise gegen die religiösen und gottesfürchtigen Juden im Land aufgelehnt. Am Versöhnungstag 2023, dem heiligsten Tag des Jahres, kam es an mehreren Orten, insbesondere in Tel Aviv, sogar zu physischen Angriffen auf Menschen, die sich zum Gebet im Freien versammelt hatten. Der Bürgermeister von Tel Aviv erklärte, Tel Aviv sei eine säkulare Stadt, und wer das nicht akzeptiere, solle woanders hingehen. Mit anderen Worten: Gottesfürchtige Juden sind nicht willkommen, an Orten ihrer Wahl in ihrem Land zu leben. Im Laufe des letzten Jahres nahm auch die Angst vor einem Bürgerkrieg zu.

Dem Traum zufolge nahm Gott als eine Gerichtshandlung Israel das Sicherheitsgefühl. Genauso geschah es, als die Hamas Israel am 7. Oktober angriff. Alles versagte, worauf Israel vertraute – die Armee, der Sicherheitsapparat, die neue Hightech-Sicherheitssperre zum Gazastreifen usw. Alles versagte! Die Sicherheit löste sich in Luft auf.

Gott ließ zu, dass Israel etwas Schweres widerfuhr, so wie im Buch der Richter, als das Volk von Gott abfiel und vom Feind unterdrückt wurde. Dort heißt es zum Beispiel:

Und die Söhne Israel taten weiter, was böse war in den Augen des HERRN. Da machte der HERR Eglon, den König von Moab, stark gegen Israel, weil sie taten, was böse war in den Augen des HERRN.
Richter 3:12

Als Israel vom Herrn abfiel, **stärkte Er Eglon, den König von Moab, gegen Israel.** Die ganze Welt und vor allem Israel waren am 7. Oktober schockiert über die Stärke und Fähigkeit der Hamas, alle stolzen Verteidigungsanlagen Israels an der

Grenze zum Gazastreifen in einem einzigen Augenblick zu überwinden.

Niemand hatte dies erwartet. Israels Feinde auf der ganzen Welt feiern seitdem diesen Triumph.

Es stimmt, die Gerechten müssen in diesem Leben oft Ungerechtigkeit und Verfolgung erleiden. Und man kann nicht anhand von Einzelfällen urteilen, so wie es die Freunde Hiobs taten. Gleichzeitig muss man die Lehre der Schrift aus einer kollektiven Perspektive ernst nehmen: Wenn das Bundesvolk Gottes die Treue zum Bund offen ablehnt, verlässt es auch in gewissem Maß Gottes barmherzigen Schutz.

Eine der größten Katastrophen am 7. Oktober ereignete sich beim großen Nova-Festival in der Wüste, bei dem über 360 Menschen an einem Ort ermordet wurden. Nova kann mit einem israelischen „Burning Man" verglichen werden, bei dem sich die Menschen absichtlich der Gesetzlosigkeit hingeben, verbunden mit Drogengenuss, Trunkenheit, sexueller Unmoral und tatsächlich götzendienerischen Statuen. Außerdem fand es genau an einem hochheiligen Sabbat im Kalender Gottes statt, dem achten Tag des Laubhüttenfestes, an dem Israel die Freude am Gesetz Gottes feiert. Alle gottesfürchtigen Juden waren zu Hause oder in der Synagoge. Tausende junger Leute hatten aber die ganze Nacht zu Trance-Musik gefeiert und viele feierten am 7. Oktober um 6.30 Uhr morgens immer noch. Die meisten von ihnen waren high von verschiedenen Drogen.

Unschwer erinnert dies an die Worte aus dem Traum: „Mein heiliges Volk ist zu Trunkenbolden und Prostituierten geworden".

Ebenso muss man feststellen: Der Kibbuz, der während des Massakers am meisten gelitten hat, ist als der säkularste Kibbuz in Israel bekannt. Ebenso feuerte die Hamas die meisten ihrer Raketen auf die Hauptstadt der LGBTQ-Bewegung, Tel Aviv, ab und nicht auf Jerusalem. Dieser deutliche Fokus ist unübersehbar.

Etwas mehr als drei Wochen nach dem 7. Oktober befreite die israelische Armee die erste Geisel der Hamas, eine Soldatin namens Ori Magidish. Obwohl ihre Familie nicht sehr religiös zu sein schien, hatten sie sofort damit begonnen, Gott um ihre Befreiung zu bitten. Als Erstes holten sie eine Thorarolle (die fünf Bücher Mose), den Bund Israels mit Gott, und trugen sie in das Zimmer der Tochter, während sie Gott anriefen: „So wie wir diese Thora in das Zimmer von Ori gebracht haben, so mögest du unsere Tochter bald unversehrt zu uns zurückbringen!" Die Eltern zeigten große Liebe und Freude für das Gesetz, und das Wunder blieb nicht aus. Gott erhörte ihre Gebete!

Der Name Ori bedeutet „Mein Licht".

Dein Wort ist meines Fußes Leuchte und ein Licht auf meinem Wege.
Psalm 119:105 (LU)

Wie könnte Gott noch deutlicher sprechen? Die inbrünstigen Gebete und Tränen von Oris Mutter, welche Gott um die Freilassung ihrer Tochter bittet, wurden auf Video festgehalten. Das Zeugnis der Hinwendung dieser Familie zu Frömmigkeit und Gebet wurde in ganz Israel, sogar in der Knesset, als Beispiel für das ganze Land wahrgenommen. Gott spricht deutlich zu allen in Israel, welche Ohren haben, um zu hören.

Die Erfüllung des prophetischen Traums hat begonnen, denn viele säkulare Israelis haben sich Gott zugewendet. Menschen, die noch nie den Sabbat gefeiert haben, backen Challa-Brot zu Ehren von Gottes besonderem Tag. Bei den israelischen Soldaten sind seit Ausbruch des Krieges die Quasten am meisten begehrt. Gott hat Seinem Volk befohlen, diese an den Zipfeln ihrer Kleidung zu tragen, um sich an alle Gebote des Gesetzes zu erinnern.

Und der HERR sprach zu Mose: „Rede zu den Söhnen Israel und sage zu ihnen, dass sie sich eine Quaste an den Zipfeln ihrer Oberkleider

machen sollen für alle ihre künftigen Generationen und dass sie an die Quaste des Zipfels eine Schnur aus violettem Purpur setzen sollen. **Und das soll euch zur Merkquaste werden, und ihr sollt sie ansehen und dabei an alle Gebote des HERRN denken und sie tun, und ihr sollt nicht eurem Herzen und euren Augen nachfolgen, deren Gelüsten ihr nachhurt,** damit ihr an alle meine Gebote denkt und sie tut und heilig seid eurem Gott. Ich bin der HERR, euer Gott, der ich euch aus dem Land Ägypten herausgeführt habe, um euer Gott zu sein; ich bin der HERR, euer Gott." 4. Mose 15:37-41

Zehntausende säkularer Juden haben diese Quasten nie zuvor getragen. Doch jetzt tragen sie diese, um Buße zu tun und sich von der Gesetzlosigkeit abzuwenden – genau wie in dem prophetischen Traum. Dies ist ein Werk des Heiligen Geistes. Bemerkenswerterweise heißt es im hebräischen Text von 4. Mose 15:39 wörtlich:

Und es soll euch eine Quaste sein, auf ihn zu schauen und an alle Gebote des Herrn zu denken, sie zu tun und nicht eurem eigenen Herzen und euren eigenen Augen zu folgen, denen ihr geneigt seid, nachzulaufen.

Im Hebräischen ist das Wort Quaste weiblich. Aber hier heißt es mit Bezug auf die Quasten tatsächlich „wenn ihr **Ihn** seht". Es ist eine klare Prophezeiung auf den Messias, der das Wort ist. **Die Abkehr von der Gesetzlosigkeit hin zum Gehorsam gegenüber Gottes Geboten ist die erste Phase der Rettung Israels durch den Messias.** Wenn der Messias sich Israel schließlich offenbart, werden sie die Worte der ersten Jünger sprechen:

Wir haben den gefunden, von dem Mose im Gesetz und die Propheten geschrieben haben, Jesus, Josefs Sohn, aus Nazareth.
Johannes 1:45 (LU)

Paulus erklärt:

> So wurde das Gesetz unser Wächter [wörtlich: Pädagoge], um uns zum Messias zu führen.
>
> Galater 3:24 BSB (die *Berean Standard Bible* (direkt übersetzt))

Im Traum erlebte Tim, wie wir im Gebet anhaltend für die Rettung Israels kämpfen müssen, bis ein neuer Tag anbricht. Es gleicht dem Ringen Jakobs mit Gott.

> Und Jakob blieb allein zurück. Da rang ein Mann mit ihm, bis die Morgenröte heraufkam.
> Und die Sonne ging ihm auf, als er an Pnuël vorüberkam ...
>
> 1. Mose 32:25, 32

Was jetzt in Israel geschieht, ist ein Vorspiel für den Krieg zwischen Gog und Magog und die in Jeremia 30 beschriebene Bedrängnis Jakobs. Micha prophezeite:

> Darum wird er sie dahingeben bis zur Zeit, da eine Gebärende geboren hat und der Rest seiner Brüder zu den Söhnen Israel zurückkehrt. Und er wird auftreten und seine Herde weiden in der Kraft des HERRN, in der Hoheit des Namens des HERRN, seines Gottes. Und sie werden in Sicherheit wohnen. Ja, jetzt wird er groß sein bis an die Enden der Erde.
>
> Micha 5:2-3

BETET FÜR DIE ARABER IN GAZA

Wir müssen auch für die Araber in Gaza beten. Sie haben unter dem bösen Terrorregime der Hamas immens gelitten, welches sie selbst über die Jahre hinweg weitgehend unterstützt haben. Kurz nachdem Israel in den Gazastreifen einmarschierte, sagte Hamas-Führer Ismail Haniyeh, der ein Vermögen von

4 Milliarden Dollar besitzt und in einem Luxushotel in Katar lebt: „Wir müssen mehr Blut von [unseren] Frauen und Kindern sehen, damit der Kampfeswille unserer Soldaten zunimmt." Dann wies er alle Zivilisten im Gazastreifen an, nicht in die Sicherheit zu fliehen, sondern zu bleiben und ihr Leben Allah zu opfern – als lebende Schutzschilde für die Terroristen. Die Hamas hat Dutzende von palästinensischen Arabern ermordet, die sich im südlichen Gazastreifen in Sicherheit bringen wollten. Im Internet kursieren Bilder von Leichen, darunter auch von Kindern, die auf der Straße in den Süden des Gazastreifens liegen. Die Hamas gibt Israel die Schuld, aber genauere Untersuchungen zeigen die Hamas als Urheber.

Die Mütter in Gaza haben begonnen, ihre Stimme voller Abscheu gegen die Hamas zu erheben. Am besten befreit Israel nicht nur Israel, sondern auch die Araber in Gaza von der Hamas. Sie leiden furchtbar unter der Hamas und unter deren perversen Ideologie. Gaza braucht Erweckung, es braucht mutige Prediger, die das Evangelium verkünden. Wie CBN[43] berichtete, erschien Jesus im Traum über 200 palästinensischen Männern im Gazastreifen, die nun danach Ausschau halten, wie sie Ihm nachfolgen können. **Gott liebt auch die Söhne Ismaels**.

WAS SAGT DIE BIBEL ÜBER GAZA?

Jesus sagte:

> **Der Himmel und die Erde werden vergehen, meine Worte aber sollen nicht vergehen.** Matthäus 24:35

---

[43] „Jesus Reportedly Appearing to Palestinians in Gaza," *CBN News*, 17.02.2024, *https://youtu.be/2AVBzmuY8fQ* [22.03.2024].

Die Zukunft von Gaza

Und König David schrieb:

> In Ewigkeit, HERR, steht dein Wort fest im Himmel. Psalm 119:89

> Es fürchte den HERRN die ganze Erde; mögen sich vor ihm scheuen alle Bewohner der Welt! Denn er sprach, und es geschah; er gebot, und es stand da. Der HERR macht zunichte den Ratschluss der Nationen, er vereitelt die Gedanken der Völker. Der Ratschluss des HERRN bleibt ewig bestehen, die Gedanken seines Herzens von Generation zu Generation. Psalm 33:8-11

Wir werden uns nun ansehen, was das Wort Gottes über Gaza und seine Zukunft sagt.

Zuerst müssen wir feststellen, dass der Gazastreifen zu Gottes Land gehört. Insbesondere ist es das Erbe, welches Josua an den Stamm Juda geben sollte:

> Und das Los fiel für den Stamm der Söhne Juda nach ihren Sippen … … von Ekron an und westwärts alle, die seitlich von Aschdod liegen, und dazu noch ihre Dörfer; Aschdod, seine Tochterstädte und seine Dörfer; **Gaza, seine Tochterstädte und seine Dörfer, bis zum Bach Ägyptens und dem großen Meer und der Küstensüdland zu, im äußersten Süden.** Josua 15:1, 45-47

Mit anderen Worten ist der Gazastreifen ein Teil des verheißenen Landes, das Israel für immer gegeben wurde. Dies stellt die Grundlage bei unserem Streben dar, dass der Wille Gottes in Israel und Gaza getan wird. Es steht geschrieben:

> Er ist der HERR, unser Gott! Seine Urteile ergehen auf der ganzen Erde. Er gedenkt ewig seines Bundes – des Wortes, das er geboten hat auf tausend Generationen hin –, den er gemacht hat mit Abraham, und seines Eides an Isaak. Er richtete ihn auf für Jakob zur

Ordnung, Israel zum ewigen Bund, indem er sprach: Dir will ich das Land Kanaan geben als euch zugemessenes Erbe. Psalm 105:7-11

Die derzeit unter Politikern in aller Welt diskutierte wichtige Frage lautet, was mit dem Gazastreifen nach dem Sieg über die Hamas geschehen soll. Die gesamte internationale Gemeinschaft, angeführt von den Vereinigten Staaten und Präsident Biden, möchte eine Zweistaatenlösung erreichen. Sie wollen die Übernahme des Gazastreifens durch die Palästinensische Autonomiebehörde unter Mahmoud Abbas. Die ganze Welt übt Druck auf Israel aus, die „Zweistaatenlösung" zu verwirklichen. Aber dies würde den Konflikt nur verlängern.

Gottes Wort hält eine andere Lösung für den Gazastreifen bereit, die wir in Sacharja 9 nachlesen können. Alten jüdischen Kommentaren zufolge handelt dieses Kapitel speziell von der Wiederherstellung und den schweren Prüfungen in den letzten Generationen vor dem Kommen des Messias. In diesem Kapitel werden alle fünf Akteure erwähnt, die bisher in den Krieg gegen Israel verwickelt sind: Syrien, Libanon, Gaza, Jemen und die „palästinensischen" Araber.

In diesem Kapitel wird Israel der Sieg über alle fünf umgebenden Feinde versprochen. Der Weg zur Wiederherstellung ist nicht immer gerade. Wie die Verheißungen erfüllt werden und ob dies jetzt oder in naher Zukunft geschieht, hängt stark von den Gebeten des Volkes Gottes ab. Jesus bringt dieses Konzept in Seiner letzten eschatologischen Ansprache zum Ausdruck:

Betet aber, dass eure Flucht nicht im Winter geschieht noch am Sabbat! Matthäus 24:20

Das heißt, im Rahmen der Erfüllung des prophetischen Wortes können die Umstände verbessert oder verschlechtert werden, abhängig von den Gebeten des Volkes Gottes.

SACHARJA KAPITEL 9

Dies ist die Last, die der HERR ankündigt im Lande Hadrach, und auf Damaskus lässt sie sich nieder – ja, der HERR schaut auf die Menschen und auf alle Stämme Israels – Sacharja 9:1 (LU)

Mit Kapitel 9 von Sacharja beginnt ein neuer Abschnitt der Prophezeiungen. Von diesem Kapitel bis zum Ende von Sacharja folgen bei den Prophetien keine persönlichen oder direkten historischen Bezüge mehr. Wir untersuchen nun jeden Vers in diesem interessanten Kapitel und zitieren auch eintausend, manchmal zweitausend Jahre alte jüdische Kommentare zu diesen Versen. Diese handeln davon, was gerade jetzt in Gaza und Israel geschieht.

Nach einem alten jüdischen Kommentar zu Vers 1 von Rav Yehudah bar Ilai, der im Jahr 100 in Galiläa geboren wurde, spricht dieses gesamte Kapitel Sacharjas über „die Zeit der Wiederherstellung und der schweren Prüfungen, die in den letzten Generationen kurz vor dem Kommen des Messias stattfinden werden". Er untermauert dies mit dem Verständnis des Ausdrucks „Land von Hadrach". Hadrach wird in der gesamten Bibel nur in diesem Vers erwähnt. Nach Rav Yehudah ist Hadrach nicht der Name einer Stadt oder eines geografischen Gebiets, sondern ein Hinweis auf den Messias. Hadrach setzt sich zusammen aus den beiden hebräischen Wörtern *had*, was scharf bedeutet, und aus *rach*, für weich. Rav Jehudah zitiert in seinem Kommentar zu diesem Vers den bedeutendsten jüdischen Bibelkommentator der Geschichte, Raschi (er lebte von 1040 bis 1105 in Frankreich): „Dies ist ein Hinweis auf den Messias, der hart zu den Völkern, aber sanft zu Israel ist."

Wie bereits erwähnt werden in diesem Kapitel alle Akteure des heutigen Konflikts mit Israel benannt: Syrien, der Libanon mit der Hisbollah, der Gazastreifen mit der Hamas, die Araber in Judäa und Samaria (dem sogenannten Westjordanland) und sogar der Jemen, der ebenfalls mit einem Angriff auf Israel begonnen hat.

An erster Stelle wird Damaskus genannt, die Hauptstadt von Syrien. Damaskus steht seit mehr als 10 Jahren als Kriegsschauplatz im Fokus des aktuellen Konflikts. 2006 schlossen der Iran und Syrien ein gemeinsames Abkommen über militärische Zusammenarbeit, wodurch Syrien aufgrund der iranischen Stellvertreterkräfte zu einer Konfliktzone für Israel wurde. Insbesondere nach dem 2011 begonnenen „Arabischen Frühling" musste Israel Hunderte von Bombenangriffen auf Syrien durchführen, um der iranischen Bedrohung zu begegnen. Nach dem Massaker der Hamas am 7. Oktober hat sich diese Kampfzone ebenfalls aufgeheizt, und der Raketenbeschuss auf Israel aus Syrien hat begonnen.

„Denn der Herr hat ein Auge auf die Menschen und auf alle Stämme Israels." Der jüdische Gelehrte Radak (Rabbi David Kimhi, der von 1160-1235 in Frankreich lebte) übersetzt dies wie folgt: „Alle Augen werden auf Gott und alle Stämme Israels gerichtet sein." Das ist in der Tat wahr, denn nach den Ereignissen vom 7. Oktober steht Israel immer mehr im Fokus der ganzen Welt. Gott wird durch den Konflikt mit Israel die Aufmerksamkeit aller bekommen.

Es heißt auch wie folgt über die Endzeit:

Siehe, ich mache Jerusalem zu einer Taumelschale für alle Völker ringsum. Sacharja 12:2

Die Hamas nannte das Massaker vom 7. Oktober „Die Al-Aqsa-Flut". Al-Aqsa ist der Name der muslimischen Moschee auf dem Tempelberg in Jerusalem und Jerusalem ist der Brennpunkt des gesamten Konflikts.

AUCH DER LIBANON SPIELT EINE ROLLE

... und auch in Hamat, das daran grenzt, in Tyrus und Sidon – gewiss, sie sind sehr weise! Tyrus hat sich zwar eine Festung gebaut, hat Silber wie Staub aufgehäuft und Gold wie Straßenkot. Doch siehe, der Herr wird es erobern und seine Streitmacht auf dem Meer schlagen, und es selbst wird vom Feuer verzehrt. Sacharja 9:2-4

Die Prophezeiung geht weiter und berührt nun den Libanon. Tyrus und Sidon sind die wichtigsten Hochburgen der Terrororganisation Hisbollah. „Tyrus hat sich einen Wall gebaut und Silber aufgehäuft wie Staub und feines Gold wie den Schlamm auf den Straßen." Die Hisbollah ist die reichste und mächtigste terroristische Organisation der Welt. Sie rühmt sich, eine Armee von 100.000 ausgebildeten Kriegern aufstellen zu können. Die Hisbollah ist durch die Milliarden, die der Iran über mehrere Jahrzehnte in sie investiert hat, sowie durch den Drogenschmuggel, vor allem in Lateinamerika, extrem reich geworden. Sie ist ein Staat im Staat Libanon. Ihre Armee ist größer als die Armee des Libanon und entspricht der Streitmacht eines durchschnittlichen arabischen Staates. Ihr Arsenal umfasst mit 150.000 Raketen[44] mehr, als die meisten Länder der Welt besitzen.

„Aber siehe, der Herr wird sie ihres Besitzes berauben und ihre Macht auf dem Meer vernichten, und sie wird vom Feuer verzehrt werden." Rabbi Mahari Kara (Joseph ben Simeon Kara lebte ca. 1065-1135) kommentiert diesen Vers: „Tyrus hat eine starke Festung gebaut, um sich gegen das jüdische Volk zu schützen." Raschi und Radak fügen hinzu: „... und hat sich gerühmt, dass sie niemals besiegt wird". Diese fast tausend Jahre alten Kommentare zu dieser Prophezeiung liefern eine

---

44 Einige aktuelle Schätzungen heben diese Zahlen auf 200.000 Raketen (Maariv, „Hezbollah has up to 200,000 rockets aimed at Israel, INSS assesses," *Jerusalem Post*, 23.10.2023, https://www.jpost.com/middle-east/article-769639 [22.03.2023]).

unglaublich genaue Beschreibung der Arroganz und des Selbstbewusstseins der heutigen Hisbollah, vor allem durch Äußerungen ihres Führers Hassan Nasrallah. Raschi und Radak fahren fort: „Aber es wird ihr nicht helfen." Rabbi Ibn Ezra, der 1089-1167 in Spanien lebte, kommentiert weiter: „Gott wird sie Israel erben lassen."

„Der Herr wird sie ihres Besitzes berauben und ihre Macht auf dem Meer vernichten." Dies kann auch übersetzt werden als: „und Er wird ihren Reichtum mit Hilfe des Meeres niederschlagen". Unmittelbar nach dem Massaker vom 7. Oktober, als Israel der Hamas den Krieg erklärte, befürchteten viele, auch die Hisbollah würde mit ihren 150.000 Raketen in den Konflikt eingreifen, von denen viele im Gegensatz zu den Raketen der Hamas zielgenau sind und die meisten Ziele in ganz Israel erreichen können. Die USA schickten jedoch sofort ihre größten Kriegsschiffe in das Gebiet und positionierten sie vor der Küste des Libanon. Dies hat sicherlich dazu beigetragen, dass sie zu diesem Zeitpunkt nicht gehandelt haben. Als die Hisbollah ankündigte, Nasrallah würde am 3. November eine große Rede vor Tausenden von Hisbollah-Anhängern halten, erwarteten viele, Nasrallah werde Israel den Krieg erklären. Das tat er nicht und richtete stattdessen seinen Zorn gegen die Vereinigten Staaten. Es ist gut möglich, dass ihn das größte Kriegsschiff der Vereinigten Staaten, das „mit Hilfe des Meeres" direkt vor der Küste stationiert ist, abgeschreckt hat.

„... und sie wird vom Feuer verzehrt werden." Vielleicht bezieht sich das auf die israelischen Bombenangriffe auf den Libanon. Israel hat keine ausreichend wirksame Verteidigung gegen 150.000 Raketen, sollte die Hisbollah beschließen, sie alle gegen Israel einzusetzen.

Deshalb hat Israel zur Abschreckung sowohl der Hisbollah als auch der libanesischen Regierung angekündigt, Israel werde in diesem Fall „den Libanon in die Steinzeit zurückbomben".

Dies würde die Zerstörung der gesamten Infrastruktur des Libanon, die Strom- und Wasserversorgung, die Kläranlagen usw. bedeuten, was den Libanon für lange Zeit unbewohnbar machen würde. Israel hat bereits damit begonnen, auf den tödlichen Beschuss von Israels Gebieten durch die Hisbollah – bei dem mehrere israelische Soldaten und Zivilisten ums Leben gekommen sind – mit schwerem Feuer auf den Libanon zu reagieren.

DIE ZUKUNFT GAZAS

Aschkelon wird es sehen und sich fürchten, auch Gaza, und wird sehr erzittern, und Ekron, weil seine Hoffnung zuschanden ist. Und der König wird aus Gaza verschwinden, und Aschkelon wird unbewohnt sein. Sacharja 9:5

Dann konzentriert sich die Prophezeiung auf Gaza und die „palästinensischen" Araber. Aschkelon, Gaza und Ekron sind bekannte Städte, in denen die Philister in biblischer Zeit lebten. Die Philister waren seit den Tagen Simsons die schlimmsten Feinde Israels. Es ist ein ausgestorbenes Volk, das aus der Geschichte verschwand, als Assyrien diese Städte einnahm und die Bevölkerung vertrieb. Heute jedoch leben in der Region die *geistlichen* Nachfolger der Philister, die „Palästinenser", welche sowohl den Namen der Philister als auch ihre Rolle gegenüber Israel übernommen haben. Diese Prophezeiungen sprechen im Hinblick auf das Kommen des Messias eindeutig von ihnen.

Es heißt über sie, wenn sie sehen, was mit Tyrus und Sidon, d.h. der Hisbollah, geschieht: „Aschkelon wird es sehen und sich fürchten; auch Gaza wird sich vor Angst krümmen; ebenso Ekron, weil seine Hoffnungen zunichte gemacht werden." Das passierte tatsächlich, als die Hisbollah Israel nicht den Krieg erklärte. Vor allem nach Nasrallahs Rede am 3. November wurden ihre Hoffnungen zunichte gemacht.

Dann fährt die Prophezeiung mit den Worten fort: „Gaza verliert seinen König." Sie kann auch übersetzt werden: „Ein König wird in Gaza umkommen." Die Hamas ist der König, der Gaza seit 2007 mit eiserner Faust regiert. Wir beten dafür, dass die Hamas ihre Herrschaft in Gaza verliert. Israels Militär ist durchaus in der Lage, dies zu tun. Bei der Erfüllung von Israels Mission ist das Problem der starke auf Israel ausgeübte Druck der internationalen Gemeinschaft, insbesondere der USA. Sie reden von der Notwendigkeit, dass die Hamas verschwinden müsse, aber mit ihren Aktionen binden sie Israel die Hände.

„Aschkelon soll unbewohnbar sein." Süd-Aschkelon musste nach dem 7. Oktober wegen des intensiven Beschusses durch die Hamas geräumt werden. Insgesamt waren zum Zeitpunkt der Abfassung dieses Berichts eine halbe Million Israelis gezwungen, ihre Häuser wegen des Beschusses sowohl durch die Hamas im Süden als auch durch die Hisbollah im Norden zu verlassen.

Und Mischvolk wird in Aschdod wohnen.   Sacharja 9:6

Der *Targum Jonatan* ist eine alte aramäische Paraphrase aus der Zeit des Zweiten Tempels, die in den Synagogen für alle, die kein Hebräisch verstehen, zugelassen war. Sie lautet: „Ein fremdes Volk, Israel, das von den Philistern als Fremde verspottet wurde, wird in Aschdod wohnen." Heute ist Aschdod eine der größten Städte Israels.

„... und ich werde den Stolz Philistias ausrotten." Rabbi Ibn Esra lebte vor 900 Jahren und kommentiert dies wie folgt: „Der Stolz der Philister wird ausgelöscht, da ihre Stadt [Gaza] von Israelis besiedelt wird." Gaza gehört zum Gelobten Land, welches Gott Israel für immer gegeben hat.

GOTTES WILLE FÜR GAZA

Und ich werde seine blutigen Fleischbrocken aus seinem Mund wegreißen und seine abscheulichen Stücke zwischen seinen Zähnen hinweg. So wird auch er als ein Rest übrig bleiben für unseren Gott und wird sein wie ein Stammverwandter in Juda und Ekron wie ein Jebusiter.
Sacharja 9:7

Nun sind wir angelangt beim aktuellsten und wichtigsten Vers des Kapitels, der die Zukunft des Gazastreifens betrifft! Dieser Vers hat enorme Auswirkungen auf die Situation, in der wir uns gerade befinden, während die ganze Welt den Atem anhält und sich fragt, was mit all den Arabern in Gaza geschehen wird. Die Bibel bietet die Antwort!

Die Prophezeiung beginnt: „Ich werde ihr Blut aus ihrem Mund wegnehmen und ihre Gräuel zwischen ihren Zähnen." Dazu sagt Raschi: „Dies bezieht sich auf das von ihnen vergossene Blut." Ibn Esra fügt hinzu: „Die Philister haben das Blut derer getrunken, die sie ermordet haben." Dies ist definitiv eine passende Beschreibung des blutrünstigen Terrors der Hamas, den die ganze Welt am 7. Oktober miterleben musste.

Ich erinnere mich an einen Videobericht, in dem die Frau eines palästinensischen Terroristen sagte: „Wir müssen die Juden in unserem Land mit unseren Zähnen töten. Mit unseren Zähnen werden wir die Juden fressen." Es reichte nicht aus, dass die Hamas am 7. Oktober ein unbeschreiblich grausames Massaker verübte. Vielmehr feierten Tausende in Gaza sogar dieses schreckliche Morden, den Terror, die Verstümmelung und Vergewaltigung wehrloser Frauen und Kinder sowie die Schändung der Leichen mit Jubel und Feuerwerk in den Straßen. David schrieb in seinem Klagelied über den Tod von Saul und Jonathan:

> **Berichtet es nicht in Gat, verkündet die Botschaft nicht auf den Straßen von Aschkelon, dass sich nicht freuen die Töchter der Philister, dass nicht jubeln die Töchter der Unbeschnittenen!**
>
> 2. Samuel 1:20

Doch genau dies geschah am 7. Oktober überall in Gaza.

Hier in Sacharja sagt Gott jedoch in dieser 2.500 Jahre alten Prophezeiung, Er werde kommen, um dem Terror in Gaza ein Ende zu setzen. Möge es bald sein!

> **So wird auch er als ein Rest übrig bleiben für unseren Gott und wird sein wie ein Stammverwandter in Juda und Ekron wie ein Jebusiter ...**
>
> Sacharja 9:7

Was für eine gewaltige Prophezeiung, die bei ihrer Erfüllung sicherlich die Welt erschüttern wird. Ibn Esra kommentiert diesen Vers wie folgt: „Die Philister werden ihre abscheuliche Gewohnheit aufgeben, das Blut der Opfer zu trinken, die sie ermordet haben, **denn sie werden nun dem wahren Gott folgen** ... Es werden nur Philister übrigbleiben, die dem wahren Gott dienen wollen." Auch Radak erklärt: „Denn Gott wird die Bösen unter ihnen vernichten ... **Die Philister werden in Juda im Dienst für Gott herausragen.**"

Raschi kommentiert diesen Vers folgendermaßen: „Amphitheater und Zirkusse werden von den Fürsten Judas benutzt werden, um die Thora [das Wort Gottes] zu lehren." Können wir uns vorstellen, dass das Wort Gottes auf dem „Palästina-Platz" in Gaza-Stadt gepredigt wird, wo die Hamas ihre Massenversammlungen abhält und ihre Raketen und Dschihad-Terroristen im Kampf gegen Israel zeigt? Was für eine Vision der Zukunft!

Im Sommer 1991 reiste ich mit meiner Familie und drei weiteren schwedischen Familien nach Moskau, um auf dem

Roten Platz zu beten. Die Kommunisten hatten immer noch die Macht über die ehemalige Sowjetunion. Wir befanden uns dort mit dem Auftrag des Herrn, auf dem Roten Platz dafür zu beten, dass dieser für das Evangelium geöffnet wird, damit dort Erweckungsversammlungen abgehalten werden können. Unter Gottes Führung marschierten wir alle, einschließlich unserer Kinder, sechsmal still dafür betend um den riesigen Platz, während die Staatssicherheitspolizei (der KGB) jeden unserer Schritte sorgfältig beobachtete. Beim siebten Mal wussten wir, wir sollten nicht beten, sondern einfach Gott loben, während wir über den Platz gingen. Doch wie sollte das gehen, ohne die Aufmerksamkeit des KGB zu erregen?

Zu unserer großen Überraschung ließ jemand über dem Roten Platz einen großen Luftballon in den Himmel steigen. So konnten wir um den Platz herumgehen, mit erhobenen Händen in den Himmel schauen und Gott loben, ohne Aufmerksamkeit zu erregen. Alle anderen auf dem Platz schauten in den Himmel und zeigten nach oben. Als wir unseren Marsch beendet hatten, blieben wir stehen und lasen Offenbarung 18 – das Gericht über die Hure. Es war ein sonniger, wolkenloser Sommertag. Wir hatten das Kapitel gerade zu Ende gelesen, als es plötzlich aus einem klaren blauen Himmel über dem Platz donnerte. Gott gab Seine Bestätigung! Und schon nach wenigen Jahren kam der erste Evangelist und predigte das Evangelium bei einer großen Erweckungsversammlung auf dem berüchtigten Roten Platz in Moskau. Gott ist mächtig und fähig, das gleiche Wunder in Gaza zu tun. Halleluja!

Es heißt: „... und das Volk von Ekron soll sein wie die Jebusiter." Ibn Esra und Radak kommentieren dazu: „Die Bewohner von Ekron [die Philister] werden Israel Respekt erweisen, so wie die Jebusiter Israel zur Zeit König Davids dienten." Und Raschi: „Ekron [Gaza] wird voller Studiensäle [für das Wort

Gottes] sein" und voller „Männer mit reinem Herzen" (Rabbi David Altschuler, 1687-1769), „genau wie Jerusalem", welches ursprünglich eine Jebusiterstadt war (Raschi).

Elie Mischel, ein orthodoxer Rabbiner im heutigen Israel, kommentiert dazu: „Sacharja sagt, die Philisterstädte des Gazastreifens werden sich in jüdische Städte verwandeln, so wie es bei Jerusalem der Fall war. Es wird der Tag kommen, an dem die Straßen von Gaza-Stadt nicht mehr zur Ausbildung von Terroristen genutzt werden, sondern wie ein *Studiensaal in Juda* sein werden."[45]

EINE GROSSARTIGE ZUKUNFT FÜR ISRAEL

Die starke Prophezeiung in Sacharja 9 wendet sich nun an Israel:

> **Und ich will mich um mein Haus her lagern zum Schutz vor dem Kriegsvolk und vor denen, die hin und her ziehen, dass kein Bedränger mehr über sie kommen wird; denn jetzt habe ich es mit eigenen Augen angesehen.**
>
> Sacharja 9:8 SLT

Mein „Haus" bezieht sich in erster Linie auf den Tempel in Jerusalem, kann aber auch das Land Israel meinen, das der Herr ebenfalls „Mein Land" nennt (Joel 4:2). Der Herr sagt, Er werde Sein Land schützen „gegen Unterdrücker und gegen die, die hin und her ziehen". Am 7. Oktober überquerten plötzlich 3.000 Hamas-Terroristen die Grenze nach Israel, um zu morden, zu foltern, zu verstümmeln und zu vergewaltigen. Sie kamen und gingen, wie es ihnen gefiel, hin und her über die Grenze mit

---

[45] Elie Mischel, „A Prophecy for our Time: Zechariah 9 and the Gaza War", *Israel365 News*, Nov 6, 2023, https://israel365news.com/378529/a-prophecy-for-our-time-zechariah-9-and-the-gaza-war [Dec 22, 2023].

ihren Geiseln. Der Herr sagt, dass sich dies nicht wiederholen wird. Israel wird wieder in Sicherheit leben, genau wie in dem prophetischen Traum. Es heißt:

Kein Gewalthaber wird mehr bei ihnen hindurchziehen, denn jetzt achte ich selbst auf sie. Sacharja 9:8

Am 7. Oktober wandte Gott Seine Augen für einen Moment von Israel ab. Danach folgt eine starke messianische Prophezeiung:

Juble laut, Tochter Zion, jauchze, Tochter Jerusalem! Siehe, dein König kommt zu dir: Gerecht und siegreich ist er, demütig und auf einem Esel reitend, und zwar auf einem Fohlen, einem Jungen der Eselin. Und ich rotte die Streitwagen aus Ephraim und die Pferde aus Jerusalem aus, und der Kriegsbogen wird ausgerottet. Und er verkündet Frieden den Nationen. Und seine Herrschaft reicht von Meer zu Meer und vom Strom bis an die Enden der Erde. Sacharja 9:9-10

Diese Prophezeiung über den Messias erfüllte sich teilweise, als Jesus vor Seinem letzten Passahfest in Jerusalem einritt.

Und als sie sich Jerusalem näherten und nach Betfage kamen, an den Ölberg, da sandte Jesus zwei Jünger und sprach zu ihnen: Geht hin in das Dorf, das euch gegenüberliegt; und sogleich werdet ihr eine Eselin angebunden finden und ein Fohlen bei ihr. Bindet sie los und führt sie zu mir! Und wenn jemand etwas zu euch sagt, so sollt ihr sprechen: Der Herr braucht sie, und sogleich wird er sie senden. Dies aber ist geschehen, damit erfüllt wurde, was durch den Propheten geredet ist, der spricht: „Sagt der Tochter Zion: Siehe, dein König kommt zu dir, sanftmütig und auf einer Eselin reitend, und zwar auf einem Fohlen, dem Jungen eines Lasttiers." Matthäus 21:1-5

Die gesamte messianische Prophezeiung wurde bei diesem Ereignis jedoch nicht erfüllt. Der letzte Teil ist für die Wiederkunft Jesu aufgespart. Dann werden alle Kriege aufgehört haben und der verheißene Messias Israels kommt, um auf dem Thron Seines Vaters David in Jerusalem zu sitzen und über alle Völker zu herrschen.

Und ich rotte die Streitwagen aus Ephraim und die Pferde aus Jerusalem aus, und der Kriegsbogen wird ausgerottet. Und er verkündet Frieden den Nationen. Und seine Herrschaft reicht von Meer zu Meer und vom Strom bis an die Enden der Erde.

Sacharja 9:10

Jesaja prophezeit dasselbe über den Messias:

Und er wird richten zwischen den Nationen und Recht sprechen für viele Völker. Dann werden sie ihre Schwerter zu Pflugscharen umschmieden und ihre Speere zu Winzermessern. Nicht mehr wird Nation gegen Nation das Schwert erheben, und sie werden den Krieg nicht mehr lernen.

Jesaja 2:4

Genau dies erwarten wir bei der Wiederkunft Jesu. Denn Er sagte:

Von nun an werdet ihr den Sohn des Menschen sitzen sehen zur Rechten der Macht und kommen auf den Wolken des Himmels.

Matthäus 26:64

Jesus ist der Friedefürst und die Antwort auf das Leiden der Araber in Gaza. Er ist der Weg zur Freiheit sowohl für Gaza als auch für Israel. Ich erinnere mich an das bekannte Lied von Andraé Crouch: „Jesus ist die Antwort für die Welt von heute. Über Ihm gibt es keinen anderen, Jesus ist der Weg." Jesus ist tatsächlich die einzige Antwort für unsere heutige Welt.

DIE ERLÖSUNG ISRAELS DURCH DAS BLUT DES BUNDES

Auch du – um des Blutes deines Bundes willen lasse ich deine Gefangenen aus der Grube frei, in der kein Wasser ist. Kehrt zur Festung zurück, ihr auf Hoffnung Gefangenen! Auch heute verkündige ich: Doppeltes erstatte ich dir. Sacharja 9:11-12

Die Hamas brachte über 240 unschuldige Gefangene aus Israel als Geiseln nach Gaza. Erstaunlich, wie passend diese Verse in ihrer jetzigen Situation sind, während dieses Buch verfasst wird. Tief in der Erde sitzen sie wie Gefangene in Löchern in den Tunneln der Hamas im Gazastreifen. Möge der Herr sie befreien.

Israel wird in diesen Versen wörtlich als „Gefangene der Hoffnung" bezeichnet. Gott hat mit ihnen einen ewigen Bund geschlossen. Paulus schreibt über seine Landsleute nach dem Fleisch, dass sie sowohl den Bund als auch die Verheißungen besitzen (Römer 9:4). Die Verheißungen Gottes werden nie versagen. Jesus hat sie mit Seinem Blut besiegelt.

Denn ich sage, dass Christus ein Diener der Beschneidung geworden ist um der Wahrheit Gottes willen, um die Verheißungen der Väter zu bestätigen ... Römer 15:8

Gott wird Sein Volk nicht im Stich lassen, unabhängig vom Handeln des Feindes. Gott wird ihnen letztlich das Doppelte für all ihre Leiden geben.

Ein Wallfahrtslied. Als der HERR die Gefangenen Zions zurückführte, waren wir wie Träumende. Da wurde unser Mund voll Lachen und unsere Zunge voll Jubel. Da sagte man unter den Nationen: »Der HERR hat Großes an ihnen getan!« Der HERR hat Großes an uns

getan: Wir waren fröhlich! Bringe zurück, HERR, unsere Gefangenen, gleich den Bächen im Südland. Die mit Tränen säen, werden mit Jubel ernten. Er geht weinend hin und trägt den Samen zum Säen. Er kommt heim mit Jubel und trägt seine Garben. Psalm 126

Dieser Psalm wird von allen Juden während des Tischgebets an jedem Sabbat und jedem Fest zitiert. Gott wird Israel wiederherstellen. Sie sind die Gefangenen mit Hoffnung.

Auch für die Araber in Gaza besteht Hoffnung, denn Jesus starb für die ganze Welt. Paulus fährt in Römer 15 fort:

... **damit die Nationen aber Gott verherrlichen um der Barmherzigkeit willen, wie geschrieben steht: »Darum werde ich dich bekennen unter den Nationen und deinem Namen lobsingen.«**
Römer 15:9

Gott liebt auch die Araber in Gaza. Durch den Messias haben auch sie eine wunderbare Zukunft. Allerdings nicht ohne Israel, sondern nur zusammen mit ihnen.

Und wieder sagt er: »Seid fröhlich, ihr Nationen, mit seinem Volk!«
Römer 15:10

Die Nationen sollen nämlich Mit-Erben und Mit-Glieder am gleichen Leib sein und Mit-Teilhaber der Verheißung in Christus Jesus durch das Evangelium ...
Epheser 3:6

Ja, ich habe mir Juda als Bogen gespannt, den Köcher mit Ephraim gefüllt. Ich wecke deine Söhne, Zion, gegen die bewährten Kämpfer Griechenlands und mache dich wie das Schwert eines Helden.
Sacharja 9:13

Der letzte Vers spricht von einem geistlichen Erwachen in Israel im Zusammenhang mit dem Krieg in Gaza, genau wie in dem prophetischen Traum: „Ich werde deine Söhne, Zion, gegen deine Söhne, Griechenland, aufhetzen und dich wie das Schwert eines Kriegers schwingen." Griechenland steht für den Hellenismus und die Gesetzlosigkeit, im Gegensatz zu Zion, als dem heiligen Berg Gottes, und der Treue zur Thora, dem Gesetz.

Denn von Zion wird Weisung ausgehen und das Wort des HERRN von Jerusalem. Jesaja 2:3

Dieses Erwachen erleben wir jetzt in Israel im Zusammenhang mit dem Krieg in Gaza. Rabbi Elie Mischel schreibt dazu:

„In den letzten Wochen haben Zehntausende von *säkularen* israelischen Soldaten um die Tzitzit gebeten, die Quasten, welche Juden an den Ecken ihres Gewandes tragen sollen. Es sind Tausende von Videos im Umlauf, in denen israelische Soldaten aller religiösen Richtungen intensiv beten, bevor sie in den Kampf ziehen."[46]

Und Rabbi Mischel fährt fort:

„Eine der großen Tragödien unserer Generation ist der Verlust so vieler junger Juden an die Säkularität und die Woke-Bewegung. Die meisten jungen Juden in Amerika und der restlichen Welt sind mit wenig jüdischer Erziehung und fast ohne Verbindung zu ihrem glorreichen Erbe aufgewachsen. Doch seit dem 7. Oktober haben viele dieser jungen Juden begonnen, ihr Erbe wiederzuentdecken und darauf stolz zu sein, Juden zu sein. Schockiert von den fanatischen Pro-Hamas-Antisemiten, welche die amerikanischen Universitäten übernommen haben und die Zerstörung Israels fordern, erkennen sie nun, wie sie von ihren Mitstreitern verraten wurden. Obwohl sich viele junge Juden weiterhin

---
46 Ebd.

an die Säkularität klammern, hat ein großes jüdisches Erwachen begonnen."[47]

DER KONFLIKT MIT DEM JEMEN UND IM WESTJORDANLAND

Und der HERR wird über ihnen erscheinen, und sein Pfeil fährt aus wie der Blitz. Und der Herr, HERR stößt ins Horn und zieht einher in Stürmen des Südens.
                                                                    Sacharja 9:14

Metzudos (Rabbi David Altschuler aus Prag, 1687-1769) übersetzte den Teil „… sein Pfeil fährt aus wie der Blitz" wie folgt: „Sein Pfeil wird schnell wie ein Blitz gegen den Feind ausgesandt." Raschi kommentiert: „Gott wird ausziehen und das Volk des Südens [d.h. des Jemen] stürmen." Süden und Jemen sind im Hebräischen das gleiche Wort. Das Volk des Südens ist also Jemen.

Dieser Vers ist in diesem speziellen Kontext sehr bemerkenswert. Nach dem 7. Oktober begannen auch die vom Iran kontrollierten Huthi-Rebellen im Jemen Israel zu bedrohen. Am 31. Oktober schickten sie zum ersten Mal eine hochentwickelte ballistische Rakete aus iranischer Produktion gegen Israel. Israel aktivierte daraufhin sein neues und fortschrittlichstes Luftabwehrsystem und schoss die Rakete ab. Besonders bemerkenswert ist, dass dieses Luftabwehrsystem „Arrow", also Pfeil heißt. Es entspricht der wörtlichen Übersetzung dieses Verses von Metzudo: „Sein *Pfeil* wird so schnell wie ein Blitz gegen den Feind ausgesandt werden". Am 31. Oktober 2023 konnte dies jeder im Internet genau miterleben.

---
47 Ebd.

Die Zukunft von Gaza

Es gibt noch ein weiteres erwähnenswertes Detail in der Prophezeiung in Sacharja 9, passend zum heutigen Krieg in Israel. Die abschließenden Verse des Kapitels lauten:

> Der HERR der Heerscharen wird sie beschirmen; und seine Schleudersteine werden fressen und zu Boden strecken, sie werden Blut trinken wie Wein und davon voll werden wie die Opferschale, wie die Ecken des Altars. So wird der HERR, ihr Gott, sie an jenem Tag retten als die Herde seines Volkes. Denn Steine an seinem Diadem sind sie, die über seinem Land funkeln. Ja, wie anmutig ist es, wie schön ist es! Das Getreide lässt junge Männer gedeihen und der Most Jungfrauen. *Sacharja 9:15-17*

Diese Verse gelten in erster Linie jenen, die gewöhnlich als „Siedler" in Judäa und Samaria bezeichnet werden. Dieses Gebiet, das in den Medien als „Westjordanland" bezeichnet wird, nennt die Bibel „Berge Israels". In Hesekiel wird Folgendes über diese Siedler geschrieben:

> ... und ins Gerede der Zunge und ins Geschwätz der Leute gekommen seid, darum, ihr Berge Israels, hört das Wort des Herrn, HERRN! So spricht der Herr, HERR: Siehe, in meinem Eifer und in meinem Grimm habe ich geredet, weil ihr die Schmach der Nationen getragen habt. Darum, so spricht der Herr, HERR: Ich, ich habe meine Hand zum Schwur erhoben: Wenn die Nationen, die rings um euch her sind, ihre Schmach nicht selbst tragen! Ihr aber, Berge Israels, ihr werdet für mein Volk Israel eure Zweige treiben und eure Frucht tragen, denn sie sind nahe daran zu kommen. *Hesekiel 36:3-4, 6-8*

In Sacharja 9:15 heißt es: „Der Herr der Heerscharen wird sie beschützen." Dies ist ein starkes Versprechen an alle Siedler in Judäa und Samaria, wo während des Krieges in Gaza viele Frauen und Kinder allein sind. Ihre Männer werden zur Armee eingezogen und sie sind von feindlichen arabischen Dörfern umgeben. Hamas-Anhänger könnten versuchen, in diese Siedlungen einzudringen, um ähnliche Massaker wie am 7. Oktober zu verüben. In diesem Vers verspricht der Herr, der Gott der Heerscharen, sie zu beschützen.

Dann fährt die Prophezeiung fort: „und sie werden verschlingen und die Schleudersteine zertreten". In den letzten Jahrzehnten konnte die ganze Welt sehen, wie junge palästinensische Araber vor allem die Juden auf den Bergen Israels, in Judäa, Samaria und im östlichen Teil Jerusalems mit Steinen bewerfen. Sie sind zu einer Art Symbol für den palästinensischen Terror in diesen Gebieten geworden. Zahlreiche Juden wurden durch diese Steine lebensgefährlich verletzt und einige verloren ihr Leben.

Am Ende werden die tapferen Juden auf den Bergen Israels, die von der ganzen Welt verspottet und verleumdet werden, auch über diesen Terror triumphieren. Sie werden ihre Feinde verschlingen und die Schleudersteine zertreten. Gepriesen sei Gott!

So wird der HERR, ihr Gott, sie an jenem Tag retten als die Herde seines Volkes. Denn Steine an seinem Diadem sind sie, die über seinem Land funkeln. Ja, wie anmutig ist es, wie schön ist es! Das Getreide lässt junge Männer gedeihen und der Most Jungfrauen.

Sacharja 9:16-17

Welch wunderbare Zukunft für Israel – die Gefangenen mit Hoffnung! Gott wird Seinen Bund mit ihnen halten und alle Seine Verheißungen erfüllen. Sie sind Juwelen in einer Krone, die in Seinem Land erstrahlen.

Siehe, ich will ihr Genesung und Heilung bringen und sie heilen, und ich will ihnen eine Fülle von Frieden und Treue offenbaren. Und ich werde das Geschick Judas und das Geschick Israels wenden und werde sie bauen wie im Anfang. Und ich werde sie reinigen

von all ihrer Schuld, mit der sie gegen mich gesündigt haben. Und ich werde alle ihre Verschuldungen vergeben, mit denen sie gegen mich gesündigt und durch die sie mit mir gebrochen haben. Und es soll mir zum Freudennamen sein, zum Ruhm und zum Schmuck bei allen Nationen der Erde, die all das Gute hören, das ich ihnen tue. Und sie werden zittern und beben über all das Gute und über all den Frieden, den ich ihm angedeihen lasse. Jeremia 33:6-9

Siehe, ich werde sie aus all den Ländern sammeln, wohin ich sie vertrieben habe in meinem Zorn und in meinem Grimm und in großer Entrüstung. Und ich werde sie an diesen Ort zurückbringen und sie in Sicherheit wohnen lassen. Und sie werden mein Volk und ich werde ihr Gott sein. Und ich werde ihnen einerlei Sinn und einerlei Wandel geben, damit sie mich alle Tage fürchten, ihnen und ihren Kindern nach ihnen zum Guten. Und ich werde einen ewigen Bund mit ihnen schließen, dass ich mich nicht von ihnen abwende, ihnen Gutes zu tun. Und ich werde meine Furcht in ihr Herz legen, damit sie nicht von mir abweichen. Und ich werde meine Freude an ihnen haben, ihnen Gutes zu tun, und ich werde sie in diesem Land pflanzen in Treue, mit meinem ganzen Herzen und mit meiner ganzen Seele. Denn so spricht der HERR: Ebenso wie ich über dieses Volk all dies große Unheil gebracht habe, so will ich über sie auch all das Gute bringen, das ich über sie rede. Jeremia 32:37-42

Denn wenn ihre Verwerfung die Versöhnung der Welt ist, was wird die Annahme anderes sein als Leben aus den Toten? Römer 11:15

Anhang I

Wie beten Christen bei einem Krieg, in dem Menschen getötet werden?

Von *John Enarson*

Wenn in Israel Krieg tobt, sind viele Christen verwirrt und fühlen sich überfordert. Bedeutet pro-Israel zu sein, dass man gegen Araber ist? Wie können Christen bei einem Krieg beten, in dem Menschen getötet werden? Wenn dies dich betrifft, bedenke folgende wichtige Wahrheit: **Wahre Liebe und Gnade für die Araber im Nahen Osten bedeutet nicht, Kompromisse bei der Wahrheit einzugehen.** Der Gott der Bibel tut so etwas nicht.

Gnade und Wahrheit gehen immer miteinander.

Ich liebe die arabischen Völker und habe Mitleid mit ihnen. Sie sind in einer Ideologie des Todes, der Lüge und der Gewalt gefangen. Meine biblisch begründete Liebe erfordert jedoch nicht, die falsche Prämisse eines „palästinensischen" Nationalvolkes zu akzeptieren. Es handelt sich um eine bequeme Fiktion, von der die Araber selbst (u.a. PLO-Führer Zahir Muhsein) zugegeben haben, sie sei erst vor kurzem erfunden worden, um die jüdische Unabhängigkeit in Israel zu bekämpfen.

Es stimmt, wir sollten Gottes Herz für die arabischen Feinde Israels haben und für sie beten. Aber allzu oft ist dies mit der Neigung verbunden, die Wahrheit im Namen eines fehlgeleiteten Mitgefühls zu verschachern.

EIN RECHTMÄSSIGES SCHWERT?

Beachte im Folgenden einige biblische Wahrheiten. Gott hat kein Gefallen am Tod des Bösen, sondern daran, dass dieser von seinem Weg umkehrt und lebt (Hesekiel 18:23). Es liegt aber auf der Hand, dass ein Mörder, der sich nicht von seinem mörderischen Tun abwendet, auch nicht am Leben bleiben wird.

Denn die Regenten sind nicht ein Schrecken für das gute Werk, sondern für das böse. Willst du dich aber vor der staatlichen Macht nicht fürchten, so tue das Gute, und du wirst Lob von ihr haben; denn sie ist Gottes Dienerin, dir zum Guten. Wenn du aber das Böse tust, so fürchte dich! Denn sie trägt das Schwert nicht umsonst, denn sie ist Gottes Dienerin, eine Rächerin zur Strafe für den, der Böses tut.
Römer 13:3-4

Über diese bekannte Passage entbrennen viele Diskussionen. Auf jeden Fall heißt es dort, legitime Autoritäten trügen „das Schwert nicht umsonst". Die andere Wange hinzuhalten gilt, wenn man *persönlich* beleidigt wird, aber es erstreckt sich biblisch nicht auf legitime Richter und Herrscher einer Gesellschaft. Das wäre eine Verhöhnung der Gerechtigkeit.

Ich erinnere mich an den christlichen Fürbitter Rees Howells, der vor ähnlichen Fragen stand. Er entschied sich, seine Bibelschule den gesamten zweiten Weltkrieg hindurch im Gebet für die Alliierten zu leiten. Er erlaubte den Betenden, nur so kurz zu schlafen wie die Soldaten an der Front, und sah es als persönliche Verpflichtung an, Hitler im Gebet zu besiegen. Ich glaube, Howells traf die richtige Entscheidung.

PAZIFISMUS IM BIBLISCHEN KONTEXT

Der christliche Pazifismus hat eine lange Geschichte, auf die ich hier nicht eingehe. Es genügt zu sagen, dass er auf der Ersatztheologie (Supersessionismus) beruht, welche versucht, das Neue Testament allein als normativ zu interpretieren, während sie die hebräische Bibel (das „Alte Testament") in gewisser Weise als etwas Altes, Überholtes und nicht Normatives abtut. 25 % der Bibel zu interpretieren, während 75 % in gewisser Weise außer Acht gelassen werden, entspricht wohl der Definition dafür, etwas aus dem Zusammenhang zu reißen.

Und christlicher Pazifismus funktioniert auch nicht. Selbst der heldenhafte Pastor und Märtyrer Dietrich Bonhoeffer, der durch Gandhi und den Ersten Weltkrieg zu einem engagierten Pazifisten inspiriert wurde, fühlte sich moralisch gezwungen, an dem Attentat auf Hitler teilzunehmen.

Wenn du mit pazifistischen Ideen haderst, betrachte die verschiedenen Seiten des Themas in „The Morality of War".[48]

ISRAEL VERSCHACHERN

Ist man nicht in der Wahrheit der Heiligen Schrift und der Geschichte verwurzelt, kann man sich leicht von der Komplexität überwältigt fühlen. Wann immer ein aktueller Konflikt aufflammt, füllt sich der Äther sofort mit subtilen Täuschungen und Feindseligkeiten gegenüber Israel – dem einzigen jüdischen Staat der Welt. In Zeiten eines offenen Konflikts ist es für jeden noch schwieriger, die Wahrheit herauszuhören.

---

48 *Moral Choices: An Introduction to Ethics* von Scott B. Rae (Grand Rapids: Zondervan, 2009).

Einige evangelikale Organisationen im Nahen Osten sehen das Thema Israel sogar als einen „Stolperstein" für das Evangelium. Sie versuchen tatsächlich, Israel zu vertreiben, um mehr Araber für Jesus zu gewinnen. Die Ergebnisse sind spärlich und bringen einige der schlimmsten antizionistischen Christen hervor, denen man je begegnen kann.

Gott wird in der arabischen Welt keine große Ernte für ein israelfeindliches, ersatztheologisches „Evangelium" einfahren. Es handelt sich auch um einen Verrat an jenen arabischen Christen, die unter großer Bedrohung und Verfolgung für Gottes Wort und für die Wahrheit über Israel eintreten. Wir kennen persönlich einige, die niemals an die Öffentlichkeit gehen können, ohne ihr Leben zu riskieren.

HAMAS MUSS DEM GOTT ISRAELS BEGEGNEN

Viele Araber werden von Kindheit an von indoktrinierenden Lügen durchdrungen und gefangen. Die Antwort liegt nicht darin, sich im Namen eines fehlgeleiteten emotionalen Mitgefühls mit Unwahrheiten abzufinden. Es mag wunderbarer Zeichen bedürfen, damit viele befreit werden. Der Sechs-Tage-Krieg war ein schwerer Schlag für den dschihadistischen Glauben im Nahen Osten. Der Islamismus wurde zutiefst erschüttert, lebte aber nach der iranischen Revolution 1979 wieder auf. Khomeini sagte, sie hätten nur deshalb gegen die Zionisten verloren, weil sie selbst vom Glauben abgefallen seien. Die Muslime müssten sich erneut bekehren.

Künftige Verluste im heutigen Nahen Osten lassen sich nicht so einfach wegdiskutieren. Die Hamas muss die Tatsache erkennen, dass der Gott Israels auf übernatürliche Weise für Israel kämpft. Bete, dass diese Wahrheit mehr Menschen freisetzt.

Bedecke ihr Angesicht mit Schande, dass sie, HERR, nach deinem Namen fragen müssen.
So werden sie erkennen, dass du allein der Höchste bist über die ganze Erde, HERR ist dein Name. Psalm 83:17, 19

GEBET FÜR EINEN MILITÄRISCHEN SIEG?

Ein weises jüdisches Sprichwort besagt, man solle um Wunder beten, sich aber nicht auf sie verlassen. Während des Krieges schickte ich christlichen Fürbitterinnen und Fürbittern das offizielle „Gebet für den Staat Israel" und das „Gebet für die israelischen Verteidigungskräfte", einschließlich der Gebete für einen militärischen „Sieg" Israels. Aber viele Christen empfinden, sie sollten nur allgemein für den Frieden beten und auf das Beste hoffen; vielleicht werde ja alles bald vorbei sein und die Gewalt werde aufhören. Sie beten höchstens darum, dass Gott den Feind mit „Verwirrung" schlägt, und hoffen, die Raketen würden auf wundersame Weise im Meer landen.

Das könnte passieren. Aber Gebete für die IDF (*Israel Defence Force*, Armee zur Verteidigung Israels), dass seine Soldaten weise und siegreich seien und die Dschihadisten davon abhalten, sowohl unschuldige Juden als auch Araber zu töten, kann legitimerweise den Tod dieser Dschihadisten bedeuten. Es ist nicht unbiblisch, dafür zu beten. Entscheidend ist, dass dadurch andere unschuldige Opfer vor Tod und Grab bewahrt werden. Dies kann sich auch auf unschuldige Beobachter erstrecken, die im Krieg sterben.

Der frühere israelische Ministerpräsident Naftali Bennet hat es bei *Al-Dschasira* einmal ganz unverblümt gesagt: Verwandelt man ein Privathaus in eine Abschussrampe für Raketen, ist es dasselbe, als hätte die Hamas direkt auch diese Unschuldigen ermordet. Wenn es notwendig ist, das Leben Unschuldiger zu schützen und auch **das Risiko für das Leben der eigenen Soldaten zu mindern**, ist es die gerechtfertigte Pflicht einer Nation, solche mordenden Dschihadisten zu töten, sollten diese sich weigern, ihr Morden einzustellen.

Laut dem britischen Oberst Richard Kemp tut Israel mehr als jede andere Nation **in der Geschichte der Kriegsführung** zum Schutz der Rechte der Zivilbevölkerung in einem Kampfgebiet. Israel wirft oft nicht-explosive „Dachklopfer"-Geschosse ab, verteilt ständig Flugblätter und führt sogar persönliche Telefongespräche mit den Bewohnern, lange bevor ein sensibles Ziel getroffen wird. Im gegenwärtigen Krieg wartet man oft darauf, dass ganze Gemeinden vor einer Operation in sichere Zonen evakuiert werden. Das kostet die IDF das Überraschungsmoment, den wohl größten Vorteil im Kampf. Alle weiteren Todesopfer, die sich dann daraus ergeben, gehen direkt auf die Kappe der Dschihadisten. Für dieses Blut wird die Hamas am Jüngsten Tag Rechenschaft ablegen müssen.

DER TODESZOLL

Einige Beobachter fragen sich, warum die Opferzahlen so einseitig hoch sein können. Dies ist entweder eine beunruhigende Art zu fragen, warum nicht mehr Juden sterben, oder es handelt sich um moralische Verwirrung. Der Kampf zwischen Gut und Böse sollte kein „ausgeglichener Kampf" sein. Die Zahl der israelischen Opfer ist tragisch, aber niedrig, weil Israel alles tut, um diese niedrig zu halten. Der Grund, warum die Zahl der Todesopfer in Gaza ebenfalls tragisch, aber so niedrig ist, liegt darin, dass Israel (nicht die Hamas) alles tut, um sie so niedrig zu halten. Israel hat die Möglichkeit, den gesamten Gazastreifen auszulöschen. Aber es tut dies nicht, weil es niemanden unnötig verletzen will.

Man sollte auch bedenken, die von den Medien oder den Vereinten Nationen gemeldeten Todesopferzahlen gehen im Allgemeinen schlicht von den „ehrenwerten" Angaben der Hamas aus. Dies und das gut dokumentierte Phänomen des „Pallywood" – die Inszenierung von Tragödien, Fototerminen und Beerdigungen – machen die Opferzahlen im Gazastreifen zu einer wilden Schätzung, einem Tappen im Dunkeln.

Israel vertritt gute Werte, hat unabhängige demokratische Institutionen und eine freie, vertrauenswürdige Presse. Das Verhältnis der Hamas und der PLO zur Wahrheit ist jedoch einfach absurd. Wahrheit spielt nicht einmal eine Rolle.

BETEN WIE NIE ZUVOR

Bete für die Araber in Israel, in Gaza, im Libanon, in Jaffa, in Ramallah, in Nablus, in Bethlehem, in Hebron, im ganzen Nahen Osten. Bete, dass die Dschihadisten in ihrem Versuch gestoppt werden, Unschuldige zu ermorden. Bete, dass die Wahrheit die Oberhand gewinnt und diejenigen befreit, die in Lügen und Dunkelheit gefangen sind. Bete, dass Gott die verängstigten Kinder in dem Konflikt tröstet, sich ihrer erbarmt und dass die muslimischen Kinder nicht in einem Umfeld aufwachsen, in dem sie die Täuschungen ihrer Gesellschaft übernehmen.

Bete gemäß Psalm 83, dass der dschihadistische Geist gedemütigt wird und viele erkennen, der Herr und Gott Israels ist der wahre und lebendige Gott. Er wird nicht zulassen, dass Israel, Sein „erstgeborener Sohn", zerstört wird. Bete, dass die IDF einen schnellen Sieg erringt, damit so wenige wie möglich leiden müssen.

Bete, dass die Liebe und Wahrheit des Evangeliums die Dunkelheit durchdringen. Bete für die mutigen arabischen Gläubigen, die bereits zu der Wahrheit in Gottes Wort über Israel stehen. Bete, dass Gott noch viele weitere in das Erntefeld des Nahen Ostens aussendet, die das volle Evangelium verkünden, einschließlich der unveränderlichen Treue Gottes gegenüber Israel.

OFFIZIELLES GEBET FÜR DEN STAAT ISRAEL

Unser Vater im Himmel, Israels Fels und Erlöser, segne den Staat Israel, die Erstlingsblüte unserer Erlösung. Schütze ihn unter den Flügeln Deiner liebenden Güte und breite über ihm das Tabernakel Deines Friedens aus. Sende Dein Licht und Deine Wahrheit zu seinen Führern, Ministern und Beratern und leite sie vor Dir mit gutem Rat.

Stärke die Hände der Verteidiger unseres Heiligen Landes; gewähre, Du unser Gott, ihnen Befreiung und kröne sie mit der Siegeskrone. Schenke dem Land Frieden und seinen Bewohnern ewige Freude.

Betreffend unserer Brüder, dem ganzen Haus Israel, gedenke ihrer in allen Ländern ihrer Zerstreuung und führe sie rasch aufrecht nach Zion, Deiner Stadt, und nach Jerusalem, Deiner Wohnung, wie es in der Thora deines Knechtes Mose geschrieben steht:

> **Wenn deine Verstoßenen am Ende des Himmels wären, selbst von dort wird der HERR, dein Gott, dich sammeln, und von dort wird er dich holen. Und der HERR, dein Gott, wird dich in das Land bringen, das deine Väter in Besitz genommen haben, und du wirst es in Besitz nehmen. Und er wird dir Gutes tun und dich zahlreicher werden lassen als deine Väter. Und der HERR, dein Gott, wird dein Herz und das Herz deiner Nachkommen beschneiden, damit du den HERRN, deinen Gott, liebst mit deinem ganzen Herzen und mit deiner ganzen Seele, dass du am Leben bleibst.** 5. Mose 30:4-6

Vereinige unsere Herzen, Deinen Namen zu lieben und zu verehren und alle Worte Deiner Thora zu befolgen, und sende uns schnell Deinen gerechten Messias aus dem Hause David, um jene zu erlösen, die sich nach Deinem Heil sehnen. Erscheine in Deiner herrlichen Majestät über allen Bewohnern der Erde und lass alle, die Atem haben, verkünden: Der Herr, der Gott Israels, ist König und Sein Königtum herrscht über alles. Amen, Sela.[49]

OFFIZIELLES GEBET FÜR DIE ISRAELISCHEN VERTEIDIGUNGSSTREITKRÄFTE (IDF)

Er, der unsere Väter Abraham, Isaak und Jakob gesegnet hat, segne die Angehörigen der israelischen Verteidigungsstreitkräfte und ihrer Sicherheitsdienste, die unser Land und die Städte unseres Gottes bewachen von der libanesischen Grenze bis zur ägyptischen Wüste, vom Mittelmeer bis zur Arava, und wo immer sie sich befinden, zu Lande, in der Luft und auf See. Möge der Herr dafür sorgen, dass die Feinde, die sich gegen uns erheben, vor ihnen niedergestreckt werden. Der Heilige, gepriesen sei Er, schütze und erlöse sie von aller Not und Bedrängnis, von Trübsal und Krankheit und schicke Segen und Erfolg auf alles Werk ihrer Hände. Er unterwerfe unsere Feinde unter sie und kröne sie mit Befreiung und Sieg. Und möge sich an ihnen der Vers erfüllen:

Der Herr, dein Gott, ist es, der mit dir zieht, um für dich gegen deine Feinde zu kämpfen und dich zu erretten. 5. Mose 20

Und lasst uns sagen: Amen.[50]

---

49 Aus dem traditionellen jüdischen Gebetbuch; Übersetzung ins Englische aus *The Koren Shalem Siddur: Nusah Ashkenaz* (Jerusalem: Koren Publishers Jerusalem Ltd., 2017) S. 522.

50 Ebd.

Anhang II

Chartas des Todes

„Wenn Menschen Zionisten kritisieren, meinen sie Juden. Sie verbreiten Antisemitismus." Dr. Martin Luther King, Harvard-Universität, 1968

DIE CHARTA DER HAMAS

Aus dem Abkommen der „Islamischen Widerstandsbewegung" (d.h. der Hamas).[51]

Im Namen des höchst barmherzigen Allah

„Ihr seid das beste Volk, das sich unter den Menschen erhoben hat ..." ([Der Koran], „Al-Imran", Verse 109-111)

„Israel wird existieren und weiter existieren, bis der Islam es auslöscht, so wie er andere vor ihm ausgelöscht hat" (Der Märtyrer, Imam Hassan al-Banna[52], in seligem Andenken).

Einführung
... Unser Kampf gegen die Juden ist sehr groß und sehr ernst. Er erfordert alle aufrichtigen Bemühungen. Es ist ein Schritt, dem aber unweigerlich weitere Schritte folgen müssen. Die Bewegung ist nur eine Schwadron, die von immer mehr

---

51 „Hamas Covenant 1988", *The Avalon Project* (Yale Law School), *https://avalon.law.yale.edu/20th_century/hamas.asp* [22.12.2023].
52 In den 1920er-Jahren war Hassan al-Banna Gründer der Muslim Bruderschaft in Ägypten. Die Hamas sieht sich als deren Partnerorganisation.

Schwadronen aus der großen arabischen und islamischen Welt unterstützt werden sollte, bis der Feind besiegt und Allahs Sieg verwirklicht ist.

Artikel 2

Die Islamische Widerstandsbewegung ist ein Flügel der Muslimbruderschaft in Palästina. Die Bewegung der Muslimbruderschaft ist eine universelle Organisation und stellt die größte islamische Bewegung der Neuzeit dar. ...

Artikel 6

Die Islamische Widerstandsbewegung ist eine bedeutende palästinensische Bewegung, deren Treue Allah gilt und deren Lebensweise der Islam ist. Sie strebt danach, das Banner Allahs über jeden Zentimeter Palästinas zu erheben ... Ohne den Islam wird es Unfrieden geben, Unterdrückung wird sich ausbreiten, das Böse wird vorherrschen und Spaltungen und Kriege werden ausbrechen. ...

Artikel 7

Da die Muslime, die den Weg der islamischen Widerstandsbewegung gehen, über die ganze Welt verstreut sind, sich für sie und ihre Standpunkte einsetzen und sich bemühen, ihren Kampf zu verstärken, ist die Bewegung eine universelle Bewegung.

Die Islamische Widerstandsbewegung ist ein Glied in der Kette des Kampfes gegen die zionistischen Invasoren. ... Der Prophet, Allah segne ihn und schenke ihm Heil, sagte:

„Der Tag des Gerichts wird nicht kommen, bevor die Muslime gegen die Juden kämpfen (die Juden töten), wenn der Jude sich hinter Steinen und Bäumen verstecken wird. Die Steine und Bäume werden sagen: O Moslems, o Abdulla, hinter mir ist ein Jude, kommt und tötet ihn. Nur der

Gharqad-Baum würde das nicht tun, weil er einer der Bäume der Juden ist" *(Überlieferung von al-Buchari und Moslem)*[53]

Artikel 8
Allah ist ihr Ziel, der Prophet ist ihr Vorbild, der Koran ihre Verfassung: Der Dschihad ist ihr Weg und der Tod um Allahs willen ist ihr größter Wunsch.

Artikel 9
Was die Ziele anbelangt, ... so möge aus den Moschee-Minaretten die Stimme des Muezzins ertönen, die die Errichtung des islamischen Staates verkündet ...

Artikel 11
Die Islamische Widerstandsbewegung ist der Ansicht, das Land Palästina ist ein islamischer *Waqf*, der für zukünftige muslimische Generationen bis zum Jüngsten Tag geweiht ist. Es oder ein Teil davon darf nicht vergeudet werden: Es oder ein Teil davon darf nicht aufgegeben werden. Weder ein einziges arabisches Land noch alle arabischen Länder, weder ein König oder Präsident noch alle Könige und Präsidenten, weder eine Organisation noch alle, ob palästinensisch oder arabisch, haben das Recht dazu. Palästina ist ein islamisches *Waqf*-Land, das den muslimischen Generationen bis zum Tag des Jüngsten Gerichts geweiht ist. Wer könnte also behaupten, das Recht zu haben, die muslimischen Generationen bis zum Jüngsten Tag zu vertreten?

---

53 *Bukhari* und *Muslem* sind die Autoren der aussagekräftigsten und generell akzeptieren Sammlungen der *Hadithen* (Überlieferungen des Propheten). Diese Überlieferung (*Hadith*) wird dem Propheten zugeschrieben und wurde wiederholt sowohl in der historischen als auch in der modernen islamischen Literatur zitiert. Die ägyptischen Einheiten, die 1973 den Anschlag auf die Bar-Lev Linie im Yom Kippur Krieg ausführten, trugen „Anweisungsleitfäden" bei sich, die unter anderem genau dieses Zitat enthielten.

Dies ist das Gesetz, das für das Land Palästina in der islamischen *Scharia* gilt, und das Gleiche gilt für jedes Land, das die Muslime mit Gewalt erobert haben, denn während der Zeit der (islamischen) Eroberungen weihten die Muslime diese Länder den muslimischen Generationen bis zum Tag des Jüngsten Gerichts. ...

Artikel 12

Der Nationalismus [*Wataniyya*] ist aus Sicht der Islamischen Widerstandsbewegung ein Teil des religiösen Glaubensbekenntnisses. Nichts im Nationalismus ist bedeutsamer und weitreichender als der Fall, wenn ein Feind muslimisches Land betritt. Der Widerstand gegen den Feind und dessen Niederschlagung werden zur individuellen Pflicht eines jeden Moslems, ob Mann oder Frau.[54] Eine Frau kann ohne die Erlaubnis ihres Mannes in den Kampf gegen den Feind ziehen, ebenso wie ein Sklave dies ohne Erlaubnis seines Herrn tun kann.

Nichts dergleichen findet sich in irgendeinem anderen Regime. Dies ist eine unbestrittene Tatsache. Wenn andere nationalistische Bewegungen mit materialistischen, menschlichen oder regionalen Ursachen verbunden sind, hat der Nationalismus der Islamischen Widerstandsbewegung all diese Elemente sowie die wichtigeren Elemente, die ihm Seele und Leben verleihen. Er ist mit der Quelle des Geistes und dem Spender des Lebens verbunden und hisst am Himmel des Heimatlandes das himmlische Banner, das Erde und Himmel mit einem starken Band verbindet. ...

---

54 *Fard 'ayn* ist gemäß islamischen Rechts eine individuelle Pflicht und muss getrennt gesehen werden von der *fard kifaya*, bei der es sich um eine kollektive Pflicht handelt. *Fard 'ayn* ist eine absolute Pflicht und steht über allen anderen Abwägungen wie den Pflichten einer Frau gegenüber ihrem Ehemann und des Sklaven bezüglich seines Herrn.

Artikel 13
Initiativen und sogenannte friedliche Lösungen und internationale Konferenzen stehen im Widerspruch zu den Grundsätzen der islamischen Widerstandsbewegung. Jede Beleidigung nur eines Teils Palästinas stellt eine gegen einen Teil der Religion gerichtete Beleidigung dar. Der Nationalismus der Islamischen Widerstandsbewegung ist Teil ihrer Religion. Ihre Mitglieder sind damit aufgewachsen. Sie kämpfen, um das Banner Allahs über ihrem Heimatland zu hissen. „Allah wird im Vordergrund stehen, aber die meisten Menschen wissen es nicht." ...

Es gibt keine Lösung für die palästinensische Frage außer durch den Dschihad. Initiativen, Vorschläge und internationale Konferenzen sind allesamt Zeitverschwendung und vergebliche Liebesmüh. Das palästinensische Volk weiß es besser, als zuzulassen, dass mit seiner Zukunft, seinen Rechten und seinem Schicksal herumgespielt wird. Wie es in dem ehrwürdigen *Hadith* heißt:

> „Das Volk von Syrien ist Allahs Peitsche in seinem Land. Er übt durch sie Rache an dem, den er unter seinen Sklaven haben will. Es ist undenkbar, dass die Doppelzüngigen unter ihnen, über die Gläubigen siegen. Sie werden gewiss aus Kummer und Verzweiflung sterben."

Artikel 14
Die Frage der Befreiung Palästinas ist an drei Kreise gebunden: den palästinensischen Kreis, den arabischen Kreis und den islamischen Kreis. Jeder dieser Kreise hat seine Rolle im Kampf gegen den Zionismus. Jeder hat seine Aufgaben und es ist ein schrecklicher Fehler und ein Zeichen tiefer Ignoranz, einen dieser Kreise außer Acht zu lassen. ...

Da dies der Fall ist, ist die Befreiung Palästinas eine individuelle Pflicht für jeden Moslem, wo immer er auch sein mag.[55]

---
55 *Fard 'ayn*, vgl. vorherige Fußnote.

Artikel 15

An dem Tag, an dem die Feinde einen Teil des muslimischen Landes an sich reißen, wird der Dschihad zur individuellen Pflicht eines jeden Moslems. Angesichts der Usurpation Palästinas durch die Juden ist es zwingend erforderlich, das Banner des Dschihad zu erheben. Dies erfordert die Verbreitung des islamischen Bewusstseins unter den Massen, sowohl auf regionaler, arabischer als auch islamischer Ebene. Es ist notwendig, den Geist des Dschihad im Herzen der Nation zu verankern, damit sie sich den Feinden entgegenstellt und sich in die Reihen der Kämpfer einreiht. ...

Es ist notwendig, den muslimischen Generationen ins Bewusstsein zu rufen, dass das palästinensische Problem ein religiöses Problem ist und auf dieser Grundlage behandelt werden muss. ...

Artikel 16

Es ist notwendig, die islamischen Generationen in unserer Region nach islamischen Gesichtspunkten zu erziehen, indem wir die religiösen Pflichten, das umfassende Studium des Korans, das Studium der *Sunna* des Propheten (seine Aussprüche und Taten)[56] und das Studium der islamischen Geschichte und des islamischen Erbes aus ihren authentischen Quellen lehren. ...

Artikel 17

Die muslimische Frau spielt im Kampf um die Befreiung eine nicht weniger wichtige Rolle als der muslimische Mann. Sie ist die Schöpferin der Männer. Ihre Rolle bei der Führung und Erziehung der neuen Generationen ist groß. ...

---

56 Sich auf den Koran und die *Sunna* (die Aussprüche und Taten des Propheten) zu stützen, ist charakteristisch für fundamentalistische islamische Bewegungen, welche den anderen drei der fünf Quellen des Sharia-Rechtes nur wenig Beachtung schenken: *Qiyas* (Analogie), *Ijma'* (Konsenz) and *Ada* (lokaler Brauch).

Artikel 20
Bei ihrem nazihaften Vorgehen machten die Juden keine Ausnahme bei Frauen oder Kindern. Ihre Politik, Angst in die Herzen zu säen, ist auf alle gerichtet. ...

Artikel 22
Seit langem planen die Feinde, geschickt und präzise ... Sie steckten hinter der Französischen Revolution, der kommunistischen Revolution und den meisten Revolutionen, von denen wir hier und da gehört haben und hören. Mit ihrem Geld gründeten sie Geheimgesellschaften wie die Freimaurer, die Rotary und Lions Clubs sowie andere in verschiedenen Teilen der Welt, um Gesellschaften zu sabotieren und zionistische Interessen durchzusetzen. Mit ihrem Geld konnten sie imperialistische Länder kontrollieren und diese dazu anstiften, viele Länder zu kolonisieren, damit sie deren Ressourcen ausbeuten und dort Korruption verbreiten konnten.

Man kann so viel über Regional- und Weltkriege reden, wie man will. Sie steckten hinter dem Ersten Weltkrieg, als es ihnen gelang, das islamische Kalifat[57] zu zerstören, finanzielle Gewinne zu erzielen und Ressourcen zu kontrollieren. Sie erwirkten die Balfour-Erklärung[58] und gründeten den Völkerbund, durch den sie die Welt beherrschen konnten. Sie steckten hinter dem Zweiten Weltkrieg, in dem sie durch den Handel mit Rüstungsgütern enorme finanzielle Gewinne erzielten und den Weg für die Errichtung ihres Staates ebneten. Sie waren es, welche die Ersetzung des Völkerbundes durch die Vereinten Nationen und den Sicherheitsrat veranlasst haben, um so die Welt durch sie

---
57 Der Zusammenbruch des ottomanischen Reiches läutete das Ende des Kalifats ein.
58 Der berühmte Brief des britischen Außenministers Lord Balfour, datiert auf den 2. November 1917, in welchem er die britische Hilfe verspricht für die Errichtung eines jüdischen Heimatlandes in Palästina, welches als ein Mandat (als ein Auftrag) an Britannien gegeben werden sollte, um es nach dem Krieg umzusetzen.

beherrschen zu können. Nirgendwo findet ein Krieg statt, ohne dass sie ihre Finger im Spiel hätten. ...

Artikel 27
Der Säkularismus steht in völligem Widerspruch zur religiösen Ideologie. Einstellungen, Verhaltensweisen und Entscheidungen ergeben sich aus Ideologien. Deshalb können wir bei aller Wertschätzung für die Palästinensische Befreiungsorganisation [PLO] – und das, wozu sie sich entwickeln kann – und ohne ihre Rolle im arabisch-israelischen Konflikt zu schmälern, das gegenwärtige oder künftige islamische Palästina nicht gegen die säkulare Idee eintauschen. Der islamische Charakter Palästinas ist Teil unserer Religion, und wer seine Religion auf die leichte Schulter nimmt, ist ein Verlierer.

Artikel 28
Die zionistische Invasion ist eine bösartige Invasion. ... Die arabischen Länder, die Israel umgeben, werden gebeten, ihre Grenzen für die Kämpfer aus den arabischen und islamischen Nationen zu öffnen, damit sie ihre Bemühungen mit denen ihrer muslimischen Brüder in Palästina zusammenführen können.

Was die anderen arabischen und islamischen Länder betrifft, so werden sie aufgefordert, Bewegungen der Kämpfer von und zu diesem Land zu erleichtern, und das ist das Mindeste, was sie tun können.

Wir sollten nicht vergessen, jeden Moslem daran zu erinnern, dass die Juden, als sie 1967 die Heilige Stadt eroberten, auf der Schwelle der Aqsa-Moschee standen und verkündeten: „Mohammed ist tot, und seine Nachkommen sind alles Weiber".[59]

---

59 Es kann unmöglich mit Gewissheit gesagt werden, worauf sich diese Aussage stützt. Es gibt ein populäres arabisches Lied, das jene verunglimpft, die nicht in der Lage sind, Söhne aufzuziehen und nur Töchter hinterlassen.

Israel, das Judentum und die Juden fordern den Islam und das muslimische Volk heraus. „Mögen die Feiglinge niemals schlafen."

Artikel 30
Der Dschihad beschränkt sich nicht auf das Tragen von Waffen und die Konfrontation mit dem Feind. Das wirksame Wort, der gute Artikel, das nützliche Buch, die Unterstützung und die Solidarität – zusammen mit der aufrichtigen Absicht, Allahs Banner höher und höher zu hissen – all dies sind Elemente des Dschihad um Allahs willen.

„Wer einen Kämpfer um Allahs willen mobilisiert, ist selbst ein Kämpfer. Wer auch immer die Verwandten eines Kämpfers unterstützt, ist selbst ein Kämpfer." *(Überliefert von al-Buchari, Muslem, Abu-Dawood und al-Tarmadhi).*

Artikel 31
Die Islamische Widerstandsbewegung ist eine humanistische Bewegung. Sie achtet auf die Menschenrechte und lässt sich im Umgang mit den Anhängern anderer Religionen von islamischer Toleranz leiten. Sie stellt sich gegen niemanden von ihnen, es sei denn, sie wird von ihnen angefeindet oder steht ihnen im Weg, um ihre Bewegungen zu behindern und ihre Bemühungen zu vergeuden.

Unter den Fittichen des Islam ist es den Anhängern der drei Religionen – Islam, Christentum und Judentum – möglich, in Frieden und Ruhe miteinander zu koexistieren. Frieden und Ruhe wären nur unter den Fittichen des Islam möglich. Die Vergangenheit und die gegenwärtige Geschichte sind der beste Beweis dafür.

Es ist die Pflicht der Anhänger anderer Religionen, die Souveränität des Islam in dieser Region nicht länger in Frage zu stellen ...

Die zionistischen Nazi-Aktivitäten gegen unser Volk werden nicht lange andauern. „Denn der Zustand der Ungerechtigkeit währt nur einen Tag, während der Zustand der Gerechtigkeit bis zum Jüngsten Tag andauert." ...

Artikel 32
Der Weltzionismus versucht zusammen mit den imperialistischen Mächten durch einen ausgeklügelten Plan und eine intelligente Strategie, einen arabischen Staat nach dem anderen aus dem Kreis des Kampfes gegen den Zionismus zu entfernen, um schließlich nur noch dem palästinensischen Volk gegenüberzustehen. Ägypten wurde durch das verräterische Camp-David-Abkommen zu einem großen Teil aus dem Kreis des Kampfes entfernt. Sie versuchen, andere arabische Länder in ähnliche Abkommen zu ziehen und sie aus dem Kreis des Kampfes herauszuholen.

Die Islamische Widerstandsbewegung [„Hamas"] ruft die arabischen und islamischen Nationen dazu auf, ernsthafte und beharrliche Maßnahmen zu ergreifen, um den Erfolg dieses schrecklichen Plans zu verhindern und die Menschen vor der Gefahr zu warnen, die vom Verlassen des Kreises des Kampfes gegen den Zionismus ausgeht.

Heute ist es Palästina, morgen wird es das eine oder andere Land sein. Der zionistische Plan ist grenzenlos. Die Zionisten streben danach, sich nach Palästina vom Nil bis zum Euphrat auszudehnen. Wenn sie die Region, die sie erobert haben, verdaut haben, streben sie eine weitere Expansion an, und so weiter. Ihr Plan ist in den *Protokollen der Weisen von Zion* niedergeschrieben und ihr gegenwärtiges Verhalten ist der beste Beweis für das, was wir sagen.

Den Kreis des Kampfes mit dem Zionismus zu verlassen ist Hochverrat und verflucht sei, wer das tut. „Denn wer ihnen an jenem Tag den Rücken kehrt, es sei denn, er wendet sich ab, um zu kämpfen, oder zieht sich zu einer anderen Partei der Gläubigen zurück, der wird Allahs Zorn auf sich ziehen, und sein Aufenthalt wird die Hölle sein; eine schlimme Reise wird es dorthin sein." ([*Der Koran*] „Die Beute", Vers 16). Es gibt keinen anderen Ausweg, als alle Kräfte und Energien zu bündeln, um dieser nazistischen, bösartigen Invasion der Tataren zu begegnen. Die Alternative ist der Verlust des eigenen Landes, die Zerstreuung der Bürger, die Ausbreitung der Lasterhaftigkeit auf der Erde und die Zerstörung der religiösen Werte. Jeder Mensch soll wissen, dass er vor Allah verantwortlich ist, denn „derjenige, der die geringste gute Tat vollbringt, wird ebenso belohnt, und derjenige, der die geringste böse Tat vollbringt, wird auch ebenso belohnt."

Die Islamische Widerstandsbewegung sieht sich selbst als Speerspitze des Kampfes gegen den Weltzionismus und als einen Schritt auf dem Weg dorthin. Die Bewegung schließt sich den Bemühungen all derer an, die in der palästinensischen Arena aktiv sind. Die arabischen und islamischen Völker sollten durch weitere Schritte ihrerseits dazu beitragen; islamische Gruppierungen in der gesamten arabischen Welt sollten dasselbe tun, damit sie alle bestmöglich für die zukünftige Rolle im Kampf gegen die kriegstreiberischen Juden gerüstet sind.[60]

„... und wir haben Feindschaft und Hass zwischen sie gesetzt bis zum Tag der Auferstehung. Und sooft sie ein Feuer des Krieges entfachen, wird Allah es auslöschen; und sie werden ihren Sinn darauf richten, auf der Erde Unrecht zu tun; doch Allah liebt die Ungerechten nicht." ([*Der Koran*] „Der Tisch", Vers 64).[61]

---

60 Trotz all ihrer Beteuerungen des Gegenteils, verwendet die Hamas die Begriffe *Juden* und *Zionismus* austauschbar.
61 Dieser Vers spricht in seinem ersten Teil, der hier nicht zitiert wird, ausdrücklich über die Juden.

Artikel 33
Die islamische Widerstandsbewegung, die sich auf gemeinsame, koordinierte und voneinander abhängige Vorstellungen über die Gesetze des Universums stützt und im Strom des Schicksals fließt, um die Feinde zu konfrontieren und zu bekämpfen, um die Muslime, die islamische Zivilisation und die heiligen Stätten zu verteidigen, unter denen die Aqsa-Moschee an erster Stelle steht, ... bis Allahs Ziel erreicht ist, wenn sich die Reihen schließen, die Kämpfer sich anderen Kämpfern anschließen und die Massen überall in der islamischen Welt dem Ruf der Pflicht folgen und lautstark verkünden: „Es lebe der Dschihad!" Ihr Schrei wird den Himmel erreichen und immer wieder ertönen, bis die Befreiung erreicht, die Eindringlinge besiegt und Allahs Sieg errungen ist.

Artikel 34
Palästina ist der Nabel der Welt und der Scheideweg der Kontinente. Seit Anbeginn der Geschichte war es Ziel von Expansionsbestrebungen. Der Prophet selbst, Allah segne ihn und schenke ihm Heil, hatte auf diese Tatsache in dem edlen Hadith hingewiesen, in dem er über seinem ehrenwerten Gefährten Ma'adh ben-Jabal folgende Worte ausrief:

> „O Ma'ath, Allah öffnet vor dir, wenn ich fort bin, Syrien von Al-Arish bis zum Euphrat. Seine Männer, Frauen und Sklaven werden dort bis zum Tag des Jüngsten Gerichts fest verweilen. Wer von euch eines der syrischen Ufer oder das Heilige Land wählt, der wird bis zum Tag des Jüngsten Gerichts in ständigem Kampf sein."

Artikel 35
Die islamische Widerstandsbewegung nimmt die Niederlage der Kreuzfahrer durch Salah ed-Din al-Ayyubi und die Rettung Palästinas aus ihren Händen ebenso ernst wie die Niederlage

der Tataren in Ein Galot[62], die Brechung ihrer Macht durch Qutuz[63] und Al-Dhaher Bivers und die Rettung der arabischen Welt vor dem tatarischen Angriff, der auf die Zerstörung jeder Bedeutung der menschlichen Zivilisation abzielte. Die Bewegung zieht aus all dem Lehren und Beispiele. Auch dem gegenwärtigen zionistischen Angriff gingen Kreuzzüge aus dem Westen und andere tatarische Angriffe aus dem Osten voraus. So wie die Moslems sich diesen Überfällen stellten und planten, sie zu bekämpfen und zu besiegen, sollten sie in der Lage sein, sich der zionistischen Invasion zu stellen und sie zu besiegen. Dies ist in der Tat kein Problem für den allmächtigen Allah, vorausgesetzt, die Absichten sind rein, die Entschlossenheit ist wahrhaftig und die Moslems haben von den Erfahrungen der Vergangenheit profitiert, sich von den Auswirkungen der (westlichen) ideologischen Invasion befreit und sind den Bräuchen ihrer Vorfahren gefolgt.

Artikel 36
Während sie ihren Weg ebnet, betont die Islamische Widerstandsbewegung gegenüber allen Söhnen unseres Volkes, gegenüber den arabischen und islamischen Nationen immer wieder, dass sie nicht nach persönlichem Ruhm, materiellem Gewinn oder gesellschaftlicher Prominenz strebt. Sie zielt nicht darauf ab, mit jemandem aus unserem Volk zu konkurrieren oder dessen Platz einzunehmen. Ganz und gar nicht. Sie wird nicht gegen die Söhne der Moslems oder die friedlich gesinnten Nicht-Moslems vorgehen, weder hier noch anderswo. Sie wird nur als Unterstützung für alle Gruppierungen und Organisationen dienen, die gegen den zionistischen Feind und seine Lakaien arbeiten. ...

---

62 Die Schlacht von Ein Galot (1260) beendete den Vorstoß der Mongolen in den Mittleren Osten, als diese durch die muslimischen Mameluken unter Baibars (1223–1277) vernichtet wurden.
63 Ein Mameluken-König Ägyptens (1259–1260).

Das letzte unserer Gebete wird der Lobpreis Allahs, des Herrn des Universums, sein.

DIE CHARTA DER PLO

Die PLO (Palästinensische Befreiungsorganisation) ist jene „friedliche" Organisation, von der die ganze Welt, einschließlich die Vereinigten Staaten, will, Israel solle mit ihr Frieden schließen, um „zwei Staaten zu haben, die Seite an Seite in Frieden leben". Fast alle Artikel ihres Paktes aber leugnen ausdrücklich oder implizit das Existenzrecht Israels und lehnen auch jede friedliche Lösung des arabisch-israelischen Konflikts ab. Zum Beispiel:

Artikel 9

„Der bewaffnete Kampf ist der einzige Weg zur Befreiung Palästinas."[64]

Artikel 15

„Die Befreiung Palästinas ... zielt auf die Beseitigung des Zionismus in Palästina ab ..."

Artikel 19

„Die Teilung Palästinas im Jahr 1947 und die Gründung des Staates Israel sind völlig illegal, unabhängig davon, wie viel Zeit vergeht..."

---

[64] Aaron Lerner, „PA Schoolbooks and the PLO Charter," 28.07.1998, http://gamla.org.il/english/article/1998/july/ler3.htm [09.06.2011]; vgl. „The Palestinian National Charter: Resolutions of the Palestine National Council vom 1. bis 17. Juli 1968," *The Avalon Project* (Yale Law School), *https://avalon.law.yale.edu/20th_century/plocov.asp* [22.12.2023].

Artikel 22

„... die Befreiung Palästinas wird die zionistische und imperialistische Präsenz zerstören und zur Schaffung von Frieden im Nahen Osten beitragen ..."

Die PLO-Verfassung leugnet auch die Existenz des jüdischen Volkes als Nation und jede Verbindung, die es mit dem Land Israel haben könnte.

Artikel 20

„Das Judentum ist als Religion keine unabhängige Nationalität. Die Juden bilden auch keine einzelne Nation mit einer eigenen Identität."

Die palästinensische Nationalcharta sieht in ihrer endgültigen Fassung die Vernichtung des Staates Israel vor. Als Bedingung für den Frieden versprach Jassir Arafat zwar, das Statut dahingehend zu ändern, dass die PLO das Existenzrecht Israels anerkennt. Bis heute ist dies jedoch nicht geschehen.

Obwohl der Palästinensische Nationalrat (PNC) zwei förmliche Beschlüsse zur Überarbeitung der Palästinensischen Nationalcharta (1996 und 1998) hinsichtlich der Forderung nach der Vernichtung Israels fasste, ist dies nie umgesetzt worden. Stattdessen stellte der Vorsitzende des PNC, Salim Za'anoun, am 3. Februar 2001 in der offiziellen Zeitung der Palästinensischen Autonomiebehörde fest, dass die PLO-Charta unverändert geblieben und immer noch in Kraft sei.[65] Seitdem ist die PLO-Charta von der internationalen Gemeinschaft nie in Frage gestellt worden.

---

65 Al-Hayat Al-Jadida (03.02.2001), ins Englische übersetzt mit MEMRI.

DIE CHARTA DER HISBOLLAH

Eines der ersten Projekte Irans nach der islamischen Revolution von 1979 war die Gründung der Terrororganisation Hisbollah im Libanon. Die Hisbollah setzte als erste Selbstmordterroristen ein. Sie begann als kleine und unbedeutende Minderheitenbewegung und hat nach 44 Jahren den gesamten Libanon übernommen.

Auszug aus dem Hisbollah-Programm von 1985[66]:

„Die Notwendigkeit der Zerstörung Israels"

„Wir sehen in Israel die Vorhut der Vereinigten Staaten in unserer islamischen Welt. Es ist der verhasste Feind, der bekämpft werden muss, bis die Verhassten bekommen, was sie verdienen. Dieser Feind ist die größte Gefahr für unsere künftigen Generationen und für das Schicksal unserer Länder, zumal er Ideen der Besiedlung und Expansion verherrlicht, welche in Palästina ihren Anfang genommen haben und sich nach der Ausdehnung zu einem großen Israel vom Euphrat bis zum Nil sehnen."

„Unsere Grundannahme im Kampf gegen Israel ist, dass das zionistische Gebilde von Anfang an aggressiv war und auf Kosten der Rechte des muslimischen Volkes auf Land errichtet wurde, das seinen Eigentümern entrissen wurde. Deshalb wird unser Kampf erst enden, wenn dieses Gebilde ausgelöscht ist. Wir erkennen keinen Vertrag mit ihm an, keinen Waffenstillstand und keine Friedensabkommen, weder separat noch konsolidiert."

---

66 „The Hizballah Program," *The Jerusalem Quarterly* 48 (Herbst 1988), http://zionism-israel.com/hdoc/Hezbollah_Charter.htm [09.06.2011].

„Wir verurteilen alle Pläne für Verhandlungen mit Israel auf das Schärfste und betrachten alle Verhandlungsführer als Feinde, weil solche Verhandlungen nichts anderes sind als die Anerkennung der Legitimität der zionistischen Besetzung Palästinas. Deshalb lehnen wir die Abkommen von Camp David, die Vorschläge von König Fahd, den Plan von Fez und Reagan, die Vorschläge von Breschnew und den französisch-ägyptischen Vorschlag sowie alle anderen Programme ab, die die Anerkennung (auch eine stillschweigende Anerkennung) der zionistischen Einheit [Israel] beinhalten."

Anhang III
Die Muslimbruderschaft

Die Muslimbruderschaft gilt heute als die größte islamistische Bewegung der Welt. Sie wurde 1928 von Hasan al-Banna gegründet und hat sich dem Credo verschrieben: „Allah ist unser Ziel, der Prophet unser Vorbild, der Koran unsere Verfassung, der Dschihad unser Weg und der Tod um Allah willen ist unser höchster Wunsch".

Im November 2001 wurde bei einer Razzia der Schweizer Behörden in einer Luxusvilla in Campione (Schweiz) ein Dokument mit der Bezeichnung „Das Projekt" gefunden. Ziel der Razzia war Youssef Nada, Direktor der Al-Taqwa-Bank in Lugano, der seit mehr als 50 Jahren aktive Verbindungen zur Muslimbruderschaft unterhielt und zugab, einer der internationalen Führer der Organisation zu sein.

Unter den bei der Razzia beschlagnahmten Dokumenten befand sich ein 14-seitiger Plan in arabischer Sprache, datiert auf den 1. Dezember 1982, der eine **12-Punkte-Vorgehensweise „Für eine weltweite Strategie der islamischen Politik" skizziert, die als „Das Projekt" bezeichnet wird.** Laut Nadas Aussage vor den Schweizer Behörden haben „islamische Gelehrte" mit Verbindungen zur Muslimbruderschaft das nicht unterzeichnete Dokument erstellt.[67]

---

67 Vgl. Rachel Ehrenfeld, „The Muslim Brotherhood Evolution: An Overview", *American Foreign Policy Interests* (2011, 33:2, 69–85), *https://www.tandfonline.com/doi/abs/10.1080/10803920.2011.571059* [22.12.2023]. Rachel Ehrenfeld erwarb eine vollständige Übersetzung von den Schweizer Behörden und behauptet, Yousef al-Qaradawi habe „The Project: Towards a Worldwide Strategy for Islamic Policy" geschrieben. Vgl. auch Patrick Poole, „The Muslim Brotherhood

Es folgt eine auszugsweise Liste von Taktiken und Techniken für eine islamische Eroberung des Westens, die in „Das Projekt" enthalten sind.

- Die palästinensische Sache zu einem globalen Streitpunkt für alle Muslime machen.
- Die vollständige Befreiung Palästinas von Israel und die Schaffung eines islamischen Staates als Eckpfeiler des Plans zur weltweiten islamischen Vorherrschaft übernehmen.
- Eine ständige Kampagne zur Aufstachelung des Hasses der Muslime gegen die Juden anregen und jegliche Gespräche über eine Versöhnung oder Koexistenz mit ihnen ablehnen.
- Dschihad-Terrorzellen in Palästina aktiv aufbauen.
- Die terroristischen Aktivitäten in Palästina mit der weltweiten Terrorbewegung verknüpfen.
- Ausreichend Mittel einsammeln, um den Dschihad in der ganzen Welt auf unbestimmte Zeit aufrechtzuerhalten und zu unterstützen.

Fünf Jahre später, 1987, wurde die Hamas von der Muslimbruderschaft gegründet. Etwa zur gleichen Zeit wurde auch Al-Qaida gegründet. Die politische Partei von Ministerpräsident Erdogan in der Türkei beruht auf einer ähnlichen Ideologie wie die Muslimbruderschaft. Vor Ernennung zum Ministerpräsidenten wurde Erdogan zu vier Monaten Gefängnis verurteilt, weil er öffentlich ein Gedicht mit folgenden Worten zitiert hatte: „Die Moscheen sind unsere Kasernen, die Kuppeln unsere Helme, die Minarette unsere Bajonette und die Gläubigen unsere Soldaten."[68] Erdogan machte in der Türkei

---

Project", *FrontPage Magazine*, 11.05.2006, *http://frontpagemag.com/articles/Read.aspx?GUID={61829F93-7A81-4654-A2E8-F0A5E6DD3DC4}* [08.09.2007].

68 *BBC News*, 04.11.2002.

eine politische Karriere, die derjenigen Hitlers in Deutschland sehr ähnlich ist.

Die Muslimbruderschaft hat zu ihrem Ziel erklärt, von Gaza aus die ganze Welt für den Islam zu erobern. Der türkische Ministerpräsident Recep Erdogan hat sich voll und ganz hinter die Strategie der Hamas für eine islamische Welt gestellt.

LEITER MIT UNTERSCHEIDUNGSVERMÖGEN

Einer der wenigen europäischen Politiker, denen es gelungen ist, diese Strategie zu erkennen, ist José Maria Aznar, der von 1996 bis 2004 spanischer Premierminister war. Aznar rief eine Organisation mit dem Namen *Freunde Israels* ins Leben, die hauptsächlich aus nichtjüdischen Europäern und Amerikanern besteht. Darunter befinden sich der ehemalige Präsident von Peru, Alejandro Toledo, und John Bolton, der ehemalige UN-Botschafter der Vereinigten Staaten.[69]

Bei der Gründung seiner Organisation erklärte Aznar:

> Die Wut über Gaza ist eine Ablenkung. Wir dürfen nicht vergessen, dass Israel der beste Verbündete des Westens in einer turbulenten Region ist. Schon viel zu lange ist es in Europa unmodern, sich für Israel einzusetzen. Nach dem jüngsten Vorfall an Bord eines Schiffes voller israelfeindlicher Aktivisten im Mittelmeer kann man sich kaum eine unpopulärere Sache vorstellen, für die man sich einsetzen könnte.
>
> Einmalig im Westen ist, dass Israel die einzige Demokratie ist, deren Existenz von Anfang an in Frage gestellt wurde. Zunächst wurde es von seinen Nachbarn mit konventionellen Kriegswaffen angegriffen. Dann wurde es mit Terrorismus konfrontiert, der in einer Welle von Selbst-

---

69 „Many Prominent Europeans Launch Pro-Israel Initiative," *OneJerusalem*, 19.06.2010, *http://onejerusalem.org/2010/06/many-prominent-europeans-launc. php* [9-5-2011]; vgl. *http://friendsofisraelinitiative.org* [22.12.2023].

mordattentaten gipfelte. Jetzt ist es auf Betreiben radikaler Islamisten und ihrer Sympathisanten mit einer Delegitimierungskampagne durch internationales Recht und Diplomatie konfrontiert.

Zweiundsechzig Jahre nach seiner Gründung kämpft Israel immer noch um sein Überleben. Bestraft mit Raketen aus dem Norden und Süden, bedroht von der Zerstörung durch einen Iran, der Atomwaffen anstrebt, und bedrängt von Freund und Feind wird Israel, so scheint es, nie einen Moment Frieden haben.

Die wahren Bedrohungen für die regionale Stabilität ... liegen im Aufkommen eines radikalen Islamismus, der die Zerstörung Israels als Erfüllung seines religiösen Schicksals ansieht ... Israel ist unsere erste Verteidigungslinie in einer turbulenten Region ... Wenn Israel untergeht, gehen wir alle unter. Das Recht Israels auf eine Existenz in Frieden und in sicheren Grenzen zu verteidigen, erfordert ein Maß an moralischer und strategischer Klarheit, das in Europa allzu oft verloren gegangen zu sein scheint. In den Vereinigten Staaten gibt es besorgniserregende Anzeichen dafür, dass man sich in die gleiche Richtung bewegt.

Der Westen durchlebt eine Phase der Verwirrung über die Gestaltung der Zukunft der Welt. Zu einem großen Teil wird diese Verwirrung verursacht durch eine Art masochistischen Selbstzweifel an unserer eigenen Identität; durch die Herrschaft politischer Korrektheit; durch Multikulturalismus, der uns vor anderen in die Knie zwingt; und durch einen Säkularismus, der uns ironischerweise selbst dann blendet, wenn wir mit Dschihadisten konfrontiert sind, die die fanatischste Verkörperung ihres Glaubens propagieren. Israel ausgerechnet in diesem Moment seinem Schicksal zu überlassen, würde nur verdeutlichen, wie tief wir gesunken sind und wie unaufhaltsam unser Niedergang zu sein scheint.

Wenn westliche Länder sich auf die Seite derjenigen stellen, die Israels Legitimität in Frage stellen, wenn sie in internationalen Gremien mit den lebenswichtigen Sicherheitsfragen Israels spielen, wenn sie diejenigen unterstützen, die sich gegen die westlichen Werte stellen, anstatt diese

Werte entschieden zu verteidigen, dann ist das nicht nur ein schwerer moralischer, sondern auch ein strategischer Fehler ersten Ranges."[70]

---

[70] „Former Spanish President Stands Up For Israel," *OneJerusalem*, 17.06.2010, *http://onejerusalem.org/2010/06/former-spanish-president-stand.php* [05.09.2011].

Über den Autor

Der gebürtige Schwede **Lars Enarson** ist Gründer und Präsident von *The Watchman International*. Dieser Dienst hat sich der Aufgabe verschrieben, „den Weg für den Messias zu bereiten". Ein wichtiger Teil seines Dienstes ist *Nordic 7:14*, eine Basisgebetsbewegung bibeltreuer Christen, die ausrufen nach Erweckung in Nordeuropa und zur Hinwendung nach Jerusalem.

Lars ist seit den frühen 1970er-Jahren im Vollzeitdienst tätig. Seine Leidenschaft ist die Wiederherstellung des ursprünglichen, apostolischen Evangeliums von Jerusalem aus in unserer Zeit.

Lars wohnt mit seiner Frau Harriet und seiner Familie in Israel, wo er Fernsehsendungen und Video-Gebetsnachrichten mit prophetischen Einsichten, Berichten und konkreten Gebetsanliegen zur aktuellen Situation im Nahen Osten produziert. Er ist Autor mehrerer Bücher und ein Bibellehrer, der ausgiebig durch die Welt reist.

Weitere Informationen erhält man auf seiner Website *larsenarson.com*

Jonathan Cahn
Die Prophezeiung des Drachen
Israel, die finstere Auferstehung und das Ende der Tage

Jonathan Cahn öffnet endzeitliche Prophezeiungen und enthüllt uralte Kräfte, die unsere Welt verändern. Diese Einblicke helfen, das Kommende zu überwinden und siegreich zu sein.

Die Prophezeiung des Drachen geht auf folgende Fragen ein:

- Existiert ein anderes Reich, das unsere Welt in diesem Augenblick verändert?
- Gibt es eine uralte Vision, welche die wahren Vorgänge in unserer Welt enthüllt?
- Gibt es eine gefährliche, den Lauf des Weltgeschehens bestimmende Kraft aus der Antike?
- Hat ein dreitausend Jahre altes Geheimnis die Invasion Israels durch die Hamas tatsächlich auf Jahr und Tag vorhergesagt?
- Tobt ein uralter Krieg, der sich auf unser aller Leben auswirkt und zu einer globalen Katastrophe führen wird?
- Wer sind die Seevölker und was ist die finstere Auferstehung?
- Was hält die Zukunft bereit und was müssen wir wissen und tun?
- Und was hat es mit dem Drachen auf sich?

368 Seiten, Softcover, ISBN 978-3-98602-076-7, EUR 22,80

Pferdemarkt 1, 31737 Rinteln
Fon (05751) 7019 229
info@king2come.de   www.king2come.de